U0928949

Monday Morning Mentoring

周一清晨的领导课

加强版

ZHOUYI QINGCHEN DE LINGDAOKE

[美] 大卫·科特莱尔 著
(David Cottrell)
田科武 译

中国教育出版传媒集团
高等教育出版社·北京

本书版权登记号：图字：01-2012-6423 号

Monday Morning Mentoring: Ten Lessons to Guide You Up the Ladder

This edition arranged with InkWell Management, LLC. through Andrew Nurnberg Associates International Limited

图书在版编目（C I P）数据

周一清晨的领导课：加强版 /（美）科特莱尔（Cottrell,D.）著；田科武译. -- 北京：高等教育出版社，2013.4（2024.6 重印）

书名原文：Monday Morning Mentoring

ISBN 978-7-04-037185-7

Ⅰ. ①周… Ⅱ. ①科… ②田… Ⅲ. ①企业领导学 Ⅳ. ①F272.91

中国版本图书馆 CIP 数据核字（2013）第 064524 号

策划编辑 龙 杰 石 磊　责任编辑 徐群森　版式设计 王艳红　责任校对 刘春萍
责任印制 赵义民

出版发行	高等教育出版社	咨询电话	400-810-0598
社　　址	北京市西城区德外大街4号	网　　址	http://www.hep.edu.cn
邮政编码	100120		http://www.hep.com.cn
印　　刷	北京中科印刷有限公司	网上订购	http://www.landraco.com
开　　本	880 mm × 1230 mm　1/32		http://www.landraco.com.cn
印　　张	6.75	版　　次	2013 年 4 月第 1 版
字　　数	120 千字	印　　次	2024 年 6 月第 14 次印刷
购书热线	010-58581118	定　　价	36.80 元

本书如有缺页、倒页、脱页等质量问题，请到所购图书销售部门联系调换

物 料 号 37185-00

谨以此书献给那些有学习的勇气、
有领导的远见和有分享的激情的人。

世界上每一个人都在**影响**着别人，同时也被他人影响。

影响别人行为的行为，谓之**领导**。

影响别人行为的能力，则谓之**领导力**。领导力的高低决定一个人生存能力的高低。

领导力不是天生的，而是可以通过训练而得来……

史蒂芬·柯维博士告诫企业界人士：**管理在系统之内起作用，领导力则对整个系统起作用**。

世界500强企业的管理者一般把80%的精力用于领导，而用在管理上的精力只有20%。

“别忙着管理了，赶快领导吧！”全球第一CEO杰克·韦尔奇如是说。

前言

两年前……

我的生活不那么如意。

几年来，我一直在一家世界500强企业担任部门经理，做得还算成功，最近却陷入了低谷。我比以前更加努力地工作，但劳而无功。我几乎见不到我的孩子们，婚姻生活面临着危机，健康状况也出现了问题。

在生活的各个领域，我都在苦苦挣扎着。

我的消沉也影响了我的团队成员。他们面临着很大的压力，有些人达到了爆发点，所以部门业务进展缓慢——真的是非常缓慢。改善团队工作表现的压力，很快就要超出我的承受极限了。说实话，我已经准备放弃了，因为我对自己领导能力的怀疑正一点点吞噬我曾经拥有的自信。

许多问题我都找不到答案：如果我不再适合做领导者，那我该怎么办？如果我过去的成功是因为经济繁荣或仅仅是因为运气好，那我该怎么办？

我变得不知所措。

我所有的资源都用尽了，现在的我需要找人谈谈——一个能够倾听我诉说、不对我妄加评论、只为我提供建议的人。

某个星期六，我在高尔夫球场上见到了父亲的一位朋友——托尼·皮尔斯。在我成长的过程中，托尼一直是我的榜样，虽然他对此一无所知。托尼是一位成功的商业领袖，现在的他处于半退休状态，主要任务是著书立说、培训高级主管。虽然他看起来只比我稍长几岁，但他的阅历显然比我丰富得多，也比我成功得多。

成功丝毫没有让托尼产生任何变化。他热忱的性格、运动员般的健美体魄以及富有感召力的个性，业已成为我们这个社会的传奇。

退休前，托尼是一位“起死回生的专家”，能够拯救公司于破产的边缘，引领公司重新走向盈利的道路。他曾两次被多个全国性组织授予“年度企业家”称号，目前担任一家商业理事会的理事，致力于建立公司高级管理人员的诚信准则。

托尼的职业生涯为他赚得了数以千万计的财富。他赢得了社会的高度赞誉，因为他投入大量的时间和金钱帮助他人，他的诚信和美德无人能及。

我的祖父称他为“一位真正的绅士”。我的父亲对他尊崇备至。在父亲的经商生涯中，经常请他担任自己的咨询顾问。

托尼是我渴望成为的那种人——聪明睿智、受人尊重、充满自信，并且是广受欢迎的演说家及良师益友。但是现在我知道，要成为他那样的人，我还有漫长的路要走。

大学毕业时，托尼给我写了一封贺信——不知道出于何种原因，我将之保留了下来。

亲爱的杰夫：

祝贺你大学毕业了。

你已经度过了生命中一段美妙的时光。

现在，你的学习才真正开始。我相信你一定会在自己选择的领域里取得成功。

如果你什么时候想与人谈谈个人或经营上的问题，我会荣幸地将自己的经验传授给你，你尽管开口就是了。

致以诚挚的祝福。

托尼·皮尔斯

之前，我一直没有在高尔夫球场上见过托尼。现在距上一次交谈，也有好几年时间了。我不知道如果我打电话，他是否还记得我。我也不知道他会不会抽出时间来和我会面，毕竟全国的各大公司都在争相向他发出邀请。

要不要给他打电话呢？一番纠结之后，最终我决定打电话给他，反正我也不会有什么损失。我的生活正在失去控制，我必须做出某些改变。

我拨通了电话。

拨电话的时候，我心里有一些紧张，还担心他不记得我了，这会让我觉得自己像个傻瓜。即使他还记得我，从他送贺信给我到现在，也已经过去好几年了，或许他早已忘了当初许下的诺言。

但是，仅仅几秒钟后，托尼即拿起电话与我交谈，我的心不再惴惴不安，心中的顾虑也消失得无影无踪。我刚一说完“我是杰夫·沃尔特斯”，托尼立刻就知道了我的身份。他问我父亲过世后我母亲的状况怎么样，然后他说他很荣幸接到我的电话。

我有趣地发现他使用了相同的一个词——荣幸——若干年前我大学毕业时他在写给我的贺信中也使用了这个词。真是太巧啦！通完电话后，我在心里暗暗思忖道。

简短的寒暄之后，我提醒托尼几年前他给我写过一封贺信。我告诉他我在工作中遇到了一些问题，希望得到他的指点，如果现在他还愿意与我交谈的话。

在就我遇到的一些问题作了说明之后，他说，如果我答应他两个条件，他就同意帮助我。

1. 托尼说他对帮助我解决具体问题兴趣不大，他关心如何让我成为一个更优秀的人或更卓越的领导者，而且这需要我和他在一起待很长时间。他说他会特意在每周一来城里，如果我承诺连续十周每周一与他会面，他会很乐意帮我。

“十周？”我结结巴巴地说道，“为什么要十周？在我看来这是很长的一段时间。我不知道我能不能连续十周每周一离开工作岗位？”

托尼打断我的话，说：“我需要这么长的一段时间，因为有了这样一段时间，我们可以大致弄明白你在领导团队过程中遇到的几乎每一件事情。这看起来是个不小的承诺，但是我向你保证，在你还没有意识到的时候，十周的时间就会倏忽而过。”

“如果您这么想，并且愿意把这么多时间留给我，我也乐意把我同样多的时间交给您。”我的态度软了下来，“这对我似乎是个千载难逢的好时机。”

2. 托尼还让我把他将要与我分享的教训和经验传授给他人。他说我面对的问题并非只有我一个人才会遇到，其他人可以从我的经历中获得教益。

托尼答应与我一对一地讨论十个星期，这让我满心欢喜。我问他我们能不能把会谈时间从周一改到周五，但是他说他的日程安排不允许，我于是答应满足他提出的两个条件。毕竟，我在心里辩解道，如果周一清晨的会谈效果不理想，我还可以想办法得体地退出余下的会谈。

结果，这十次会谈——“与托尼共度的十个周一清晨”——成为我一生中最难得的会谈。“想办法得体地退出余下的会谈”这种想法再也没有出现在我的脑海中。

至于我的第二个承诺——把我的所学传授给他人——正是我写作本书的原因。

我很荣幸你能花时间阅读这本《周一清晨的领导课（加强版）》，并且希望你把托尼教给我的这些真知灼见传授给别人。

在你分享我与托尼周一清晨的会谈时，希望你能乐享其中，学以致用，不断成长。

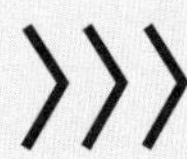

目录

NO.1
司机与乘客

我离开家赶赴与托尼的第一次会谈那天，天空中下着雨，天色很是阴暗。

说实在的，我对与托尼的会谈能否改变我的工作状况有些将信将疑。与托尼共度的时光，充其量能让我对眼下的处境感觉好一点。我对他能在多大程度上改变我的处境是非常怀疑的。毕竟，我已经为一家世界顶尖的公司工作了若干年，参加过许多管理培训课程。不过，不出人所料，这些竭力吹嘘的培训课程，其效用都持续不了多长时间。

我不得不一再提醒自己，如果一切都尽如人意的话，我当初就不会主动给托尼打电话。但事实是：我正处在职业生涯的十字路口。我深知，自己无论如何都必须在某些方面做出改变。“别瞎想，”

我在心里斥责自己，“全国各地的管理人员都想得到托尼的忠告。他有时间与你交谈，你应该感到幸运才是。”

我们之前约好八点半开始会谈。因为下雨的缘故，当我把车子开到托尼的私家车道时，已经八点四十分了。托尼正站在门口等我，看上去就像是刚刚从《绅士季刊》中走出来一样。

“早晨好，杰夫！欢迎你的到来。”托尼边说边伸出手拉我，像慈父一般拥抱了我一下，“很荣幸你能抽时间来看我。”

托尼让我进屋，并带我简单地参观了一下他的住宅。他的家非常漂亮。屋子很大，格调很温馨。他妻子一年多前去世了，他很自豪地给我看他们在世界各地拍摄的照片。参观完之后，他带我来到他的书房，他说以后每周我们都在这里会谈。

他书房书架上的图书肯定不止 1 000 本。我看到好几张托尼与知名商业巨头们站在一起的合影，并一下子认出了这几位商业巨头，其中还有几张就是在我现在所在的书房里拍摄的。我得说，这些照片让我有点儿心生敬畏。

在闲聊了几分钟后，托尼说我们该言归正传了。

“你的时间很宝贵，杰夫。”他开口说道，“如果想充分利用会谈时间，我想我们需要制定几条基本原则，所以在考虑我们的会谈时，就自作主张草拟了几条。”

他把一张手写的便笺从桌子那边推过来，上面写着三条简单的规则。

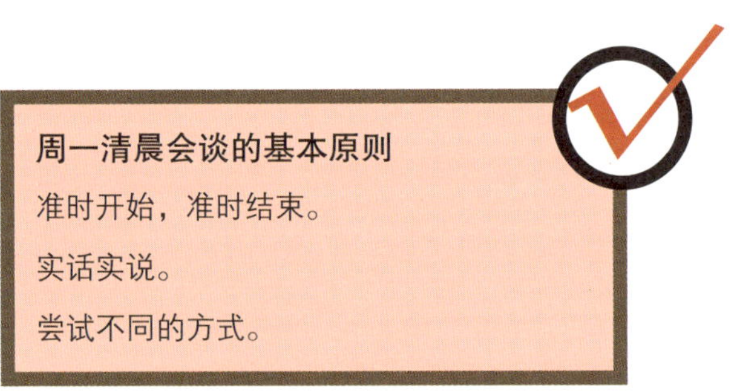

这确实够简单的，我想，我能接受这些原则。然后，我抬头看着托尼，说，“这些我能做到，我们现在就开始吧。”

“好的。”托尼说，“告诉我，这么多年没见面了，是什么原因又让你来找我的？”

接下来的一个小时里，我滔滔不绝地讲述，而托尼只是认真地听着，一句话也不说。

我从大学毕业时开始讲起，那是我们最后一次交谈。当时我对未来满怀激情。和大多数大学毕业生一样，我觉得没有什么能够阻止我走向成功。我受过良好的教育，精力充沛，积极乐观。

在工作的头几年里，我轻而易举获得了成功，并很快获得了几次升职机会。我供职的这家技术制造公司是世界上最受尊敬的公司之一，我服务的是公司的销售部门。后来，我被提升至管理岗位——这是我获得的第一个大好机会——我也非常喜欢这个职位。我的业务蒸蒸日上，前程一片光明。我很早就参与制定重大决策，并从中学到了许多经验。

我们团队的表现并不是最好的，但还说得过去，甚至可以说相当不错。

在我的团队成员中，有些人不像我一样有那么高的干劲，但是部门的业务那么好，我一点都不为他们感到担心。事实上，我可能忽视了员工的表现问题——这正是导致我眼下面临问题的原因。

是的，为了成为“众人中的一员”，我真是没少下功夫。我想让下属喜欢我，想让他们为

我工作，所以时不时带他们出去聚餐或喝酒——甚至给他们讲我眼下面临的一些问题。在当时，这似乎是个不错的策略。也就是在那前后，我认为公司高层管理者的工作远远不能令人满意。实际上，我甚至告诉我的下属，如果我们也像高层管理者那样工作的话，公司会破产的。我们都为此而放声大笑过。

那是一段美好的时光。但是在接下来的几年里，业务越来越难做了。我的大部分下属仍然是无可挑剔的，但是那些曾经被我忽视的员工的表现问题，现在开始严重影响部门的表现。所谓“严重”，是说它们开始对我的工作构成威胁。

我努力工作——长时间地努力——但是，各项业务指标却表明，情况非常糟糕。我闷闷不乐，我的下属也不高兴。我们的业绩证明了我们的沮丧，而且这种闷闷不乐的情绪也传染到了我的家庭生活。

“托尼，我很景仰您，所以来向您请教。”我沮丧地说道，“我已经江郎才尽了，我只是希望现在掉转船头还为时未晚。”

在听了我差不多一个小时的诉说之后，托尼终于开口发表意见。“首先，”托尼说，“你认为你所描述的问题和状况为你的团队所独有，这是大错而特错的。很少有——如果有的话也是非常非常少的——领导者没有遇到过你刚才讲述的这些问题。我知道自己也曾遇到过与你类似的问题。

“说到领导，没有哪个问题为你所独有。和任何一个有过领导经验的人交谈，你会发现他们遇到过同样的问题，经历过同样的挫折。所以，不要为自己感到愤愤不平，这只会浪费你宝贵的时间。你所要做的是制订计划，让事情向好的方向转变。

“其次，现在做出改变还为时未晚，”托尼接着说，“即使你已经有了很深的阅历，但你仍然还很年轻。你能够打电话来向我寻求帮助，我很佩服这一点。很少有人有勇气迈出哪怕这第一步。”

“很多和你遇到同样问题的人很快就放弃了……其实他们离成功只有一步之遥。成功者永不放弃，即使在他们感到沮丧、刚刚犯过错误后也是如此。

“杰夫，你的境况，其他人差不多都会遇到。不管你如何突围，似乎哪个方向都是死胡同。”

我点头表示赞同，“您说得太对了，而且胡同的尽头似乎越来越近，我似乎总也绕不过去。”

托尼坐在椅子里，身子靠着椅背，双手紧握。“杰夫，你现在的处境，我称之为‘路障状态’”。

“‘路障状态’？”我不解地问道，“我还是头一次听说这个词。这一定是个描述我现在处境的咨询专用首字母缩拼词吧？”

托尼很快做了回答。“不，这不是首字母缩拼词，也不是什么咨询术语。这是大多数人在职业生涯的某个阶段都会遇到的处境。让我来解释一下。

“我曾经听过一个故事，讲一个男子在路上遇见一位智者。男人问智者：‘哪条路通往成功？’满脸胡子的智者一声不吭，用手指了指远方的某个地方。想到就要快速而轻易地获得成功，激动万分的男子撒开腿就跑。远处传来一声巨大的撞击声。后来，衣衫褴褛、一脸惊愕的男子一瘸一拐地折了回来。他觉得自己一定是跑错了方向。

“男子回到智者身边，再次询问同样的问题：‘哪条路通往成功？’智者还是默不作声，用手往相同的方向指了指。男人不情愿地走开了。这一次，远处传来的撞击声令人震耳欲聋。当男子爬回来的时候，身上流着血，满脸沮丧，一副怒气冲冲的样子。‘我问你哪条路通往成功，’他冲着智者大吼大叫道，‘我听了你的指示，但是两次都被撞回来了。别再这么瞎指了。开口告诉我通往成功的路怎么走！’

“这时智者开口了。智者说，‘成功就在那个方向，过了那个路障不远就是。’

“现在，你正处于‘路障状态’中——你衣衫褴褛、精疲力竭，甚至可能沮丧透顶、怒气冲冲。但是，如果你足够坚强，足够执着并付出努力，我们可以共同努力，帮你到达‘路障’那边去。”

“这听起来不错。”我说，“我被挡在‘路障’前面已经有很长时间了，我讨厌被这么挡着。”

“很显然，你正面临着一些真正的问题，向外人寻求建议是明智之举。我们都需要别人帮助我们从不同的角度分析自己的处境。”托尼说道，他说话的语调牢牢地吸引了我的注意力，“事实上，我也有几位良师益友，他们让我增长了见识，这么多年来，他们始终都是我的良师益友。总之，无论什么时候转变都不会太迟，但你必须努力加以改进。”

“还有一点你要记住：并非你才会遇到领导方面的问题。大部分人在从雇员到经理、从经理到领导者转变之时都会面临困难。你的父亲曾经跟我说过一席话，让我永生难忘。他说，如果你想杰出，首先要做的是告别平庸。想让大家喜欢你，成为‘众人中的一员’，这种想法是人之常情。但是，作为领导者，你的下属喜欢或尊敬你，都应该缘于恰当的理由。

“如果下属喜欢你，是因为你为人公正、始终如一、富有同情心、积极乐观，这非常好。但是，如果他们喜欢你仅仅是因为你请他们免费吃大餐、喝好酒，会有什么样的后果呢？事实上，你是在为自己的失败做准备。此话怎讲？因为如果你想让每一个人都喜欢你，你就会因为害怕触怒‘朋友’而避免做出严厉的决策。

“要实现从雇员到经理或从经理到领导者的转变，要求你做出不同的决策，而且常常是非常艰难的决策。我可以肯定地说，有时候这些转变也会给你生活的其他各个领域带来挑战。

“杰夫，我还记得你十几岁时的样子。当你庆祝自己的 16 岁生日、考取驾驶执照之时，你是那么兴奋。还记得吗？你多年来一直看着自己的父母开车，一旦你够年龄了，你就通过了驾照考试。”

“你还记得当时的你是多么自信吗？你认为你会成为最出色的司机。你甚至还这样向你的父亲做过保证。”托尼边说边向我眨了一下眼睛。

“我当然记得，”我回答道，“我更清楚地记得拿到驾驶执照后的第二天，我就遭遇了第一次车祸。不过谢天谢地，没有人受伤。”

“我也记得，”托尼点头说道，“当时你车上坐着你们足球队的大部分队友。不过，你不知道的是，几天后，我与你父亲讨论了车祸的主要原因——那就是你没有搞清楚司机与乘客的责任有什么不同。

“你看，乘客可以随意所欲地做很多事情，而司机就不可以。作为司机，你必须聚精会神地盯着道路而不能分神。当了司机，你就没了‘胡闹’的权利——比如听喧闹的音乐——虽然对于乘客来说，这样做没什么问题。

“在你做了领导者后，这条原则也同样适用。你不再是一名乘客了，现在的你成了司机。当了经理后，你的权力更大了，同时你也失去了过去作为普通员工可能享有的某些权利或自由。”

“举个例子，”托尼继续说道，“如果你想成为一名成功的领导者，你就无权与雇员们一起发表‘悲天悯人’的言论，也无权随意议论高层管理者。当了经理，你就失去了把部门里出现的某个问题归咎于他人的权利。你也不再有消极处事或说风凉话的权利。你再也不能回避问题，或选择不做决策。作为经理和领导者，你是最终的责任者。你要对部门内发生的一切问题承担起责任。在角色转变的过程中，这常常是你要迈出的非常痛苦的一大步。”

托尼停顿了一下，继续说道:“你甚至无权自由支配自己的所有时间，因为你不但要对自己的时间负责，还要对他人的时间负责。”说完，他停下来看了看手表，之后继续说道，“说到时间，告诉我你今天到我家是什么时候？”

“八点半多一点儿。”我满脸无辜地说。

“那我们说的是什么时候开始？”托尼大声问道。

“八点半。但是今天路上很堵，而且还下了雨。我原以为自己留出了足够的时间。”我结结巴巴地辩解道。

“是的,的确是在下雨,”他明确表示赞同,“但雨不会让你迟到。你要知道，杰夫，当你承担起全部的责任，不管发生了什么事，也不管事情发生时处于什么样的环境条件，你都得做出调整。遇到下雨，你可以早点出发，换条路走，或是打电话调整会谈的时间。你是否准时，控制权在你。下雨只是让你做出不同的决策而已。”

“我会记在心里的。”我向托尼保证。

“好的，我们继续。”托尼说，“承担责任的对立面是，当遇到问题或危机时，把责任归咎于别人或别的事情。当然，我们总可以找到责备的对象，但是，真正的领导者只会花时间解决问题，而不会责备别人。

“为自己的行为寻找借口，而不是承担责任，会有损领导者的效率。”托尼强调说，“在你接受一份工作时，你并非仅仅被选择来填补组织图中的职位空缺，公司选择你，是让你来承担责任的。没有人需要一个把失败之责归咎于某种借口或他人的领导者。寻找借口，把失败之责归咎于他人，这样的事，人人自己都能做得到。

“当你把责任归咎于他人，你关注的是过去。如果你承担起责任，你才会将眼光投向未来。杰夫，只有你承担起全部的责任——不管是何种责任——你才能做好规划，达到自己的目标。”

托尼停下来，让我思考片刻。这是一个非常重要的理念，但是毫无疑问，也是我必须真心接受的理念。

“我首先想让你明白的是，你有能力选择承担起改进的责任。”托尼继续说道，“你能控制自己对环境的反应。但是，我想让你把责备他人从你的管理风格中剔除——甚至在你的个人词汇表中也不要有这个词——这样，你才可以做出某些积极的改变。”

“你看，杰夫，我们可以控制自己的选择。我发现，那些做出了更多正确选择的人，能够从糟糕的选择中迅速恢复的人，最终都会成功。”

托尼抿了一小口咖啡，之后继续往下说，我全神贯注地聆听。“你的选择是有方向性的。它们会引领你走向你试图取得的成功，也可能使你远离成功的目标。日复一日，你的个人成功和职业成功取决于重复做正确的选择，避免重复做糟糕的选择。”托尼说。

“看看那些你认识的成功者，无论他们是你部门的，你所在社区的，还是你的家人。无一例外，是他们的选择造就了他们的成功。成功无关运气，无关环境，甚至无关指导他们生活的守护天使。

“现在不妨更加认真地审视一下那些成功者，你会发现他们有很多共同的特质，不过，信不信由你，非常成功的人与不那么成功的人之间，并不存在巨大的差别。

“比如，你认为一年挣 25 万美元的销售人员，其智商或能力是在同一个地方销售同一种产品、每年只挣 5 万美元的销售人员的 5 倍吗？”

“当然不是。”我回答道。

“那么，区别在哪里呢？”

“我猜，您希望听到的答案是：他们做出了更加正确的决策，并且从糟糕的决策中恢复过来的时间更短。”我说道。

“是的！”托尼回答道，之后他补充说，“他们之间的另一个重要区别在于：成功者会做不那么成功的人不喜欢做的决策。如果你问成功人士，他们可能会告诉你，他们也不喜欢做那样的决策。不过，他们也知道，选择做他们并不想做的事情，常常有着更大的目的。

“当你承担起责任，为了成功自觉地做出选择，你就抓住了选择赋予你的力量，不再是生活中的不幸者。有了正确的选择，你就可以主导自己的成功。”

托尼再次看了一下表，“哦，我想我们今天结束的时间要到了。”托尼说完递给我一个蓝色的活页笔记本，封面上有托尼手书的几个字：周一清晨与托尼的会谈。“拿着这个笔记本，把我们讨论的内容记下来。”托尼说，“这会使你回顾我们的会谈内容变得容易些。”

托尼站起身，把我送到门口。“那么，为了改善你的处境，这个星期你想怎么做呢？”

“嗯，您谈到的承担责任很有道理，但是影响我团队的还有许多外部因素，我不知道自己能否承担得起所有的责任。”我局促不安地回答道，“不过，我一定不会再参与发表‘悲天悯人’之辞，也不再把部门里出现的问题归咎于高层管理者。我会尽力做更好的决策，努力对部门所有的事情负责，看看情况会有什么样的改观。”

我向托尼保证。

“你到家后把这些都写在这个笔记本上。”托尼向我建议道，“请记住，当你把这些都写下来时，你便做出了实施的承诺。如果你只是口头上告诉我你要做些什么，你其实并没有真的承诺要这样做。”

我答应了，并告诉他下周一八点半我会准时赶到他家。

离开托尼家开车回办公室的路上，我的心情更加沮丧。要对部门里发生的所有事情都负起责任，这真是太难了，我不知道这是否现实，而且眼下我遇到的所有问题并非都是由于我做了糟糕的选择。接受他所说的“生活中的不幸者”的说法，还真是有些困难。

托尼的有些话还是很有道理的，但是他的思想现今还管用吗？我表示怀疑。不过我已经向他做了承诺。我准备尝试一些新的办法，看看情况会怎么样。

当天晚些时候，我翻开笔记本，把我当天的学习收获记录了下来。笔记本里有托尼写给我的信，内容如下：

杰夫：

祝贺你有勇气寻求建议。仅此一步，在我看来，就足以证明你充满职业自豪感，更重要的是，你愿意为自己的行为承担责任。当你打开这页时，让你在这个笔记本上写下的话，成为你的事业和个人生活迈向成功的新蓝图吧!

能与你分享我的经验，我感到十分荣幸。期待着下周一再次与你见面。

致以最诚挚的祝福。

托尼

读这封信时，我能感受到他话语中流露出的真挚情感。他真心希望我能取得成功，我开始变得比多年来的自己更加自信，相信积极的转变马上就要到来!

作为一名司机

我的成功取决于我是否有“突破路障”的勇气和能力。

我是自己成功和幸福的司机。

直到我承担起了所有的责任——不管是什么样的责任——我才能做好规划，达到自己的目标。

实现从经理到领导者的转变需要你做出不同的决策。

我的成功是做出更好的决策以及迅速从糟糕的决策中恢复过来的结果。

NO.2
要事第一

早上八点二十分，我将车子开进了托尼的私家车道。天上又在下雨。等了几分钟后，我向托尼家跑去。

我刚一跑到门厅前，托尼就笑眯眯地打开了家门。

“欢迎！”托尼说，“表现不错！虽然今天的天气比上周还糟糕，但你成功地到了我家，时间上还有富余。多谢你冒雨赶到我家来。”

“你做了些不同的决策，使你得以准时赶到我家，看来你对上星期谈到的责任问题也有所领悟啊，”杰夫又笑着补充了一句。

“是的，”我表示赞同，“我今天从家里出发比较早，但是托尼，我拿不准自己是否领导有方。上个星期，我试图承担起部门内发生的一切事情的责任，但还是没有成功。说实在的，同时有那么多的事情要我处理，要一一完成这些事情——我的意思是说，如果都完成好的话——对我来说实在是太难了。”

“跟我说说详情吧。”他边说边在一张舒适的靠背扶手椅上坐了下来。

“嗯，总共有15个人向我汇报工作。”我开始说道，“还有两个职位缺人。我的老板卡伦要求非常严苛——这还是比较委婉的说法。我相信下属们都知道应当做些什么，但是我们完成的任务似乎越来越少。我们承担了空缺职位的工作，将他们的责任分摊给团队里的每一个成员。但是当我们解决了一个问题，就会有新的问题冒出来。我也无法控制这些问题。它们有的来自卡伦，有的来自我的团队或另一部门。不管问题出自哪里，我整天都在忙着灭火，真正需要完成的事情却一件也没顾得上。”

我说话的时候，托尼明显有些焦虑不安。“您没事吧？”我最后问道。

“哦，杰夫，你似乎是危机四伏啊！”他说，“不妨做个深呼吸放松一下。你的工作并不是危机管理，你的下属也不应该是消防员。

“听起来你似乎觉得自己无法控制任何事情，你因此成了环境的受害者。

“多年来，我见过许多人，每当预料之外的事情——超出他们控制的事情——发生时，他们就会产生这种受害者心理。他们可能会寻找理由证明自己是个受害者，并认为存在某个‘巨大的阴谋’妨碍他们取得成功。实际上，他们最大的敌人是自己。

“我也见过另外一些人，他们具备成功面对预料之外的事情、积极寻求解决之道的不可思议的能力。

“杰夫，根本不存在什么‘巨大的阴谋’妨碍你完成你不得不完成的任务。预想之外的问题还会继续出现，你得琢磨出应对之策。你的选择有两个，一个是成为受害者，一个是积极应对，并不断取得进步。”

“长远的成功，”托尼说，“不是一个事件，而是一路上有起有落的过程。落入受害者陷阱是处于低谷，长时间留在陷阱中会延误你登顶的时间。”

我知道我下面的话听起来有点像在为自己开脱。“您的话我听明白了，不过，不是说所有人都会遇到落入受害者陷阱的时候吗？我不想成为一个寻找借口的人，托尼，但是，我真的无法控制我周围发生的所有事情。”

我的新良师益友很快回应道，“当然，偶尔觉得自己像个受害者是很正常的，但是长时间留在受害者陷阱里会妨碍你实现自己的目标。所以，选择不让自己成为受害者，主动权在你。这样做并不容易，但是你是可以选择的。你控制着自己的下一步行动，所以，你是愿意坐在那里为你必须面对的问题生闷气，还是致力于防止问题出现呢？

“我以为，在这个问题上，有一些基本的问题必须做出回答。”

为什么会出现两个职位空缺？

为什么这两个团队成员离职了呢？

如果每个下属都不做应该做的事，你何以认为他们知道自己应当做些什么？

你应该优先完成哪些事项？

“且慢。现在不要回答这些问题，”托尼说，“在下周会谈前，好好想想这些问题。”

随后，他迅速转换话题，情绪也变得好起来了。“你看过电影《城市乡巴佬》吗？”

“那是一部不错的电影，永远的经典。有时候我觉得自己有必要去去那个农场，就是想逃避一下。您也喜欢《城市乡巴佬》？”我问道，不明白他何以会问我这样一个问题。

托尼眉开眼笑。“那是我最喜欢的电影之一。或许是因为我与电影中的许多场景有共鸣，而且记得几乎每一个情节。我最喜欢的剧中人物，是杰克·帕杰斯饰演的铁石心肠的坏脾气老头柯利。柯利充满智慧，不过，我觉得他给和你一样正在经历中年危机的米奇提出的最中肯的建议发生在这样一个特殊的场景中。”

“‘你们年龄相仿，’”他说，‘问题相同。每年花50个星期的时间把绳子打成结，然后花两个星期的时间把绳子解开。没有人做到。你知道生活的奥秘是什么吗？’

“米奇回答道：‘不知道，是什么？’

“柯利把食指竖起来，说：‘这个。’

“米奇一时没有反应过来，疑惑地问：‘你的手指？’

“柯利用低沉的声音回答道：‘一件事。就一件事。你坚持不懈做那件事情，其他的任何事情都无关紧要。’

“随后米奇问了那个非常重要的问题：‘太棒了，但是，那件事是什么呢？’”

“你记得柯利是怎么回答的吗？”托尼问。

思考了片刻之后，我说：“我觉得他说的大概是得米奇自己弄明白。”

“对了，”托尼说，“他的原话是这样说的，‘那件事你得自己去弄明白，’我认为柯利关于找到那件事并坚持做好那件事的建议，有助于你摆脱你的危机管理模式。”

“现在我给你讲讲我亲身经历的一件事吧，那件事发生了好长一段时间后，才有了《城市乡巴佬》。”他继续说道。

“从前，我与一位经理共事时，他每天都会提醒我们‘要事第一’。我们的横幅上写着‘要事第一’，咖啡杯、鼠标垫、记事本上都提醒我们‘要事第一’。‘要事第一’是我们的座右铭——我们的目标以及优先事宜。

“每次我们看见他，他都会问我们:‘要事是什么？’团队中的每个人都知道要事是什么，如何才能做到要事第一，而且，因为团队中的每个人都知道哪些是要事，所以，无论是公司还是个人，我们的注意力都非常专注。”

“领导责任有时候让人不知所措，”托尼解释说，“如果同时面对许多不同的任务，这会使得你难以将要事和无足轻重的小事区分开来。所以，领导者的重要责任之一是把要事放在优先考虑的位置——把当下所有的能量和注意力都对准为数不多的几件最重要的事情之上。

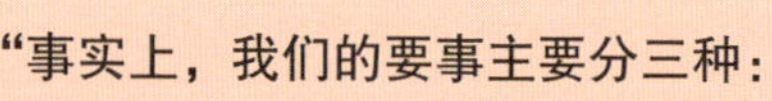

1. 教给雇员通往成功的方法。
2. 为顾客提供出色的服务。
3. 盈利。

“如果有人让我们做不重要的事情，我们的经理会支持我们，告诉我们不能做那样的事情。我们是一个专注且富有效率的工作群体，因为我们对目标有着清晰的理解。”

说完他停顿了一会儿，以便在继续交谈之前，让我领会他所说的话。“你提到你的下属知道该做些什么。你何不问问他们‘哪些是要事呢？’他们对此或许会有形形色色、各不相同的理解。有人可能认为不惜一切代价盈利是要事，另外一些人可能认为降低成本——甚至准时回家——是要事。”

“或许真是这样。”我表示赞同。

“杰夫，我们不能相信别人的理解。”托尼马上回应道，“我发现，如果你相信别人的理解会达到你的期望，最终你会失望。如果你问每一个下属要事是什么，他们的回答或许会让你大吃一惊的。”

托尼停下来抿了一口咖啡。“我们以后将花一个上午来探讨为你的团队雇用合适员工的重要性，不过现在我觉得你应该设法弄明白下属离职的原因。你对此或许有强烈的看法，在我听你说你的看法之前，我想说的是，把他人辞职的原因归于薪水和福利、高层管理者、薪酬管理及其他因素，是非常正常的。

“但是，现在仔细听着，因为我想让你明白：员工一般不会因为这些原因而离职。员工离职，是因为上司不能满足他们的需求。在炒公司鱿鱼之前，他们已经先炒了上司的鱿鱼。他们失去了对领导他们的人的信任，因而开始寻找其他可以信任的人。我并不是说你的情况就是这样的。但是我想说，在多数情况下，老板是员工离职的主要原因。”

这话听起来让人觉得难受，但是我知道，从我个人的辞职经历看，托尼的话言之有理。不过，我并不真的认为本部门出现了两个职位空缺是因为他们炒了我的鱿鱼。

“说到老板，你说卡伦要求非常严苛。这不一定就是缺点。事实上，要求严苛是一种好的品质。我听过许多对老板更加糟糕的评价。现在，你能描述一下与卡伦的关系吗？”

“嗯，问题就出在这里，我们真的没有什么太深的关系。我们每个月会谈一次，仅此而已。说卡伦要求严苛，是因为她极其注重结果，总是向我索要各种报告和信息。我觉得她常常妨碍我们的工作。”我斗着胆子说道。

“那你对卡伦有什么期望？”托尼问。

“我认为她的领导方法应该更科学一些。”我说道，“她应该抽时间和我会面、夸奖我的团队、与我进行交流、给我帮助让我更胜任工作。毕竟，她应该是我的良师才对。可是这些她都不做——她只对报告和结果感兴趣。”

“或许她应该在这些方面做得更好一些。”托尼说，“但是不管卡伦在多大程度上达到了你的期望，你手下毕竟领导着 15 个人，他们指望着你与她建立良好的关系。所以，向她汇报部门内发生的事情，取得好的结果，这是你的职责。你别无选择。你要想成功并给你的下属提供成功所需要的工具，你必须与你的上司合作——在各个方面。”

我很快就意识到，在某些事情上，托尼不允许有灰色地带存在。

“我能理解你何以认为与你建立积极的关系是卡伦的责任，”托尼接着说，“你说的没错。但是，如果她没有做到的话，你就应该做一些调整，让她与你建立积极的关系。

“仔细听着，因为我自己也是吃了不少苦头，好不容易才学会了这一点。与上司沟通挺不容易的，这需要你的勇气和毅力。如果你把和卡伦的沟通视为你工作的重中之重，你们之间的关系就会得到改善，你会取得更好的结果。”

“这事我得好好琢磨。”我说。

“但是，这还只是开始。接下来是第二步：管理与上司的关系，需要你适用和领导你的团队同样的原则。”

“你能控制你对待卡伦的态度和行为。”托尼解释说，“你改变不了她的行为，但是你可以调整你对待她的态度和方式。我建议你花些时间和精力来管理你与卡伦的关系，就像管理与自己的下属的关系一样。

“即使你认为她要求严苛，她仍然需要你取得好的结果，那是她的职责所在。我想，她会尽她所能，帮助你实现目标。她是以这样的方式来实现自己的目标的——只要你是在朝着相同的目标努力。”

“如果她是你的下属，你会怎么处理面临的情况？”托尼问，其实心中已经有了答案。

“搞清楚她对你有什么具体的期望，明确告诉她你对她有什么样的期望。比如，你知道她的要事是什么吗？她知道你的要事是什么吗？也许你们应该见面谈谈，弄清楚各自能够做些什么，以帮助对方完成自己的要事。如果你向她求助，她可能想帮助你走出目前的困境，但她可能不知道你需要她做什么，或者不知道自己如何才能帮上你。尽量把她往好处想，把处理你与她的关系置于优先考虑的位置。我敢肯定，她会欢迎与你进行交谈的。”

托尼让我改善与卡伦关系的理由非常有说服力，我决定一试。

“好了，杰夫，本周的会谈快要结束了。那么，到下周一会谈前，你有什么与以往不同的打算呢？”托尼问我。

“毫无疑问，我认为在下属不知道什么是要事这一点上，您是对的。”我向他承认，“事实上，我也不能确定我知道哪些是要事。所以，我要做的第一件事是弄清楚要事是什么，与我的下属们一起开个会进行讨论。

“我也要设法与卡伦会面，看看我能做些什么，帮助她完成她的要事。虽然我觉得这不是我的职责，但我会致力于与她建立积极的关系——尽我所能。”

“我知道我们的目标应当更为集中，”我又补充了一句，“我一直都放任环境决定我们的行为，而不是创造条件让我们的使命决定我们的行为。”

“我也会设法回答您之前提出的问题。我得承认，我真的不认为是我的领导风格导致出现了两个职位空缺，但是我会考虑这种可能性的。”走出托尼家门的时候，我最后说了上述这番话。

在我离开托尼家返回办公室的路上，托尼提出的问题一直在我的脑海里萦绕：什么是要事？为什么有两个人辞职了？你为什么有那么多意料之外的事情要去应对？

在下周一清晨会谈之前，我有许多功课要做。

什么是要事？

人们对“要事”的理解形形色色、各不相同。

人们在炒公司鱿鱼之前，已经炒了上司的鱿鱼。

我得认认真真地与上司建立关系，就如同领导自己的团队一样。

我需要更加专注于要事。

逃离管理黑洞

“早上好，杰夫。”

托尼像往常一样衣冠楚楚地站在家门口，欢迎我第三次来到他家进行周一清晨的会谈。“这一周你不仅很准时，看上去心情也比上次好多了。我希望你的工作取得了一些进展。”

“嗯，我花了很多时间来思考上周您提出的那三个问题。”我坦承道，“我认为，我的挫折很大程度上缘于不知道问题出在哪里，而不是怎样去解决这些问题——但是，我几乎可以肯定，这周我真的有些进步了。”

一看见托尼端着两杯我们通常喝的咖啡再次出现在书房并在靠背扶手椅上坐定，我就迫不及待地往下说道：

“首先，我没有回避，解决了两个员工辞职的问题。我翻看了珍妮和查德两个人的辞职访谈记录，两个人都是在前几个月里离职的。如我所料，辞职访谈记录中没写多少东西。事实上，如果你阅读这两份辞职访谈记录，却没人告诉你读的是什么，你会觉得他们两个人很乐意为公司工作。

“我做了进一步的调查，与其他团队成员聊了聊。一开始，他们不愿意替从前的同事说话。不过，一个叫迈克尔的员工还是提供了一些有意思的信息。

“迈克尔说，珍妮和查德其实并不是真的想离开公司，但是他们对公司中发生的一些事情不是很满意。迈克尔还提醒我，珍妮与查德在离职前不久还涨了薪水，所以工资的多少对他们的离职决定影响并不大。

“托尼，上周会谈时您说过的话一直萦绕在我的耳畔：‘员工离职，是因为上司不能满足他们的需求。

在炒公司鱿鱼之前，他们已经先炒了上司的鱿鱼。’尽管如此，我仍然觉得他们离开是另有隐情——不是因为我，也不是因为我的某些行为。但是，我知道您一定不会认同这个答案，所以我去拜访了查德和珍妮。

“我与他们两个单独见了面。因为他们不再为我工作，所以也就没有理由隐瞒事实了。我要事先声明一下，我对拜访他们有这么浓厚的兴趣，这让他们感到非常惊讶，他们两个畅所欲言——超出了我的预期。”

“他们的话让我感到震惊。虽然他们并没有直说，”我继续说道，“但是，分手的时候，我心里清楚他们的心其实并没有离开公司。他们只是离开了我——他们的经理。如您所说，我没能满足他们的需求。所以在拜访他们的过程中，我花了大量时间试图弄明白我没能满足他们的哪些需求。主要是如下三个方面的需求：

“第一，两个人都说，我需要在雇用优秀员工方面做得更好。他们的意思是说，我在雇用员工方面偷懒了。事实上，其中有一人说，如果某个人能够‘欺上瞒下’，我就会雇用他。珍妮说，我总说团队成员是多么重要，但是，说到干活，我却见人就雇，似乎仅仅是为了填补职位空缺，结果团队中优秀员工的比例越来越少。”

我说话的时候，托尼的脸上并没有表现出惊讶的神情。在我拜访两位前员工之前，他或许已经清楚我会听到些什么了。

“问题在于，我要求优秀员工承担越来越多的工作，”我继续说道，“而要求其他人承担的工作越来越少。查德甚至还说，‘我们有些人觉得受到了侮辱，因为我们是优秀员工。’说实话，托尼，我无法相信他们所说的话。我会让优秀员工承担过多工作从而惩罚他们、让表现不好的员工承担较少的工作从而奖励他们吗？不过，查德和珍妮都是这样想的——他们对此深信不疑，于是就离职了。

“第二，他们希望我指导每一个员工，让他们变得更加优秀。结束对两人的拜访后，我感到非常沮丧。我没有给这两名员工——我认为最优秀的两名员工——足够的反馈和指导！我以为——我知道人们怎么评价这种自以为是的行为——我以为不需要很多反馈，他们也可以愉快地工作。”

“我想，我对他们的个人需求重视不够，让他们失望了。”我坦率地承认，“我对他们关注太少，完全忽视了他们想向我学习的需要。我认为我没有什么可以给予他们，但是，他们真正的需要是因为出色的工作表现得到我的表扬。

“他们想做更大的贡献，而我没有要求他们这样做，这让我感到很吃惊。这是我感到沮丧的主要原因。查德和珍妮是我工作以来最好的同事，但是，我没有最大限度地利用他们的才能——而且他们是愿意而且能够为团队做出更大贡献的。

“第三，他们说他们需要我解雇那些不承担分内之责的员工。我想，我以前跟您说过我曾经忽视过员工的表现问题。是的，员工的表现会对团队其他成员产生影响。珍妮说，最初某个员工消极悲观、说风凉话，会逐渐演变成整个团队消极悲观、说风凉话。她说他们一直期待着我解决这个问题，我却放任不管，没有采取任何措施。”

“不用说，托尼，与查德和珍妮的会面，让我感到非常惭愧。”我最后说道，“这也让我松了一口气。至少现在我知道自己可以采取什么样的措施，避免流失更多的优秀员工。”

托尼点了点头。“你没有让我失望。你分析得很好，态度也不错，那就往下做吧！上周的问题完成得怎么样了？找到答案了吗？”

“我把您问的最后两个问题合并成了一个：要事是什么——团队的主要目标是什么？”我回答道。我为自己在会谈之前完成了托尼交代的任务而感到高兴。

“上周三，我召集了一次部门会议。我给每个团队成员准备了一张纸，让他们来补充完成。纸上只有一句话：‘我们部门的要事是……’每个人都要在空白处填上自己的答案。

“是啊，我知道您是不会对他们的回答感到大吃一惊的，我也不会。没有一个人知道部门的要事是什么。虽然每个人都填了一个答案，但没有两个答案是完全相同的。这说明我们没有明确的目标和期望，对团队最重要的使命一头雾水。这项练习太有价值了。

“现在我知道了，我们要有所行动，来界定和理解团队的要事是什么。与此同时，每个团队成员似乎都觉得应该确立部门的目标。”

托尼表示同意。“这有点像大家都上了你的车，你却开着车在原地打转转。我们都需要事先计划，知道车要往哪里开。

“上周你还做了什么？”

“遵照您的建议，我同卡伦谈了一次。谈话非常顺利，让我感到很意外。我想她很感激我主动去找她。要和她建立良好的关系，还有许多事情要做，但我会把更好地处理与她的关系放在优先考虑的位置。

“还有啊，上一周我的心情还不错。我已经意识到，导致自己和员工受挫的原因，有些是我自己完全可以控制的事情。您知道我抱怨什么？我发觉自己正在玩命地给这些问题火上浇油。

“虽然上周由于知道了某些问题的答案，我的自信心没有增加，但是，我的心情确实比之前好些了。现在我知道，我可以采取一些补救措施，而且这些事情我也能够做到。”我向托尼坦白道。

“太好了！”托尼大声说道，虽然他的语调里没有一丝的惊讶，

“你上一周的进展真的很大，我为你感到骄傲。不过，你的发现之一似乎是：领导者的‘要事’之一是消除下属的迷惑。它可以让你的团队陷入瘫痪，因为迷惑伴随着恐惧、忧虑和缺乏远见。

“我很久以前就认识到，当下属感到迷惑时，团队很难保持高昂的士气。建立和保持团队的专注是领导的核心。毫无疑问，这事说来容易做起来难。”他解释道。

“当今快速变化的环境要求组织灵活多变——组织要乐于且能够适应不断变化的市场环境和技术创新。但是，持续不断的变化和伴随而来的干扰会使我们搞不明白自己的专注点是什么，同时应对太多的事情，陷入本能的灭火模式不能自拔，领导者或被领导者都应该避免这些。”

我喜欢托尼的教诲风格，他总是先给我讲一些可以消化的“小道理”，然后再讲一些宏大的概念。

“如果你不能保持自己的专注，你的下属就会漫无目的地四处搜寻方向和目标，不知道把自己的精力和注意力投入到什么地方。如你所知，这种迷惑和错综复杂会导致不满和沮丧。

“事实上，对团队经常性地变换方向和专注点负有责任的，常常是领导者，而不是被领导者。所以，你要当心！如果你的专注点总在变化，你的团队可能会感到迷惑。”

我的良师接着往下说，他对我的汇报及态度显然感到非常满意。“让许多团队感到迷惑的事情，是许多经理容易落入的陷阱，”他说，“我把这个陷阱称为‘管理黑洞’。在管理黑洞中，事情总是与表象有所不同。此外，有的人们很难逃离管理黑洞。”

我迷惑不解的神情鼓励托尼认真细致地进行解释。

“在管理黑洞中，总有‘忙碌’的事情要做。如果你稍有不慎，成堆的文件就会成为你的优先事项。管理黑洞中的文件规则！人们忙于翻阅成堆的文件，当文件看完了，他们认为自己度过了精彩的一天。此外，在管理黑洞中，简单的事情常常变得很复杂，人们很容易失去判断力。经理们开始觉得，别人从事的事情才是最重要的。

“当团队成员陷入管理黑洞时，他们因为只说经理想听的话而受到褒奖。人们自高自大，要弄清实情实属不易。在局外人看来，管理黑洞一片混乱、令人沮丧，有时还有点滑稽可笑。

“许多领导者如此醉心于管

理事务，以至于他们忘了，如果不与下属建立积极的工作关系，他们不可能实现目标。不管你多么聪明，受教育程度有多高，经验有多丰富，或者多有人格魅力，如果你不逃离管理黑洞，与下属保持联系，你最终都会失败。每当领导者试图做决策，并且认为自己能够待在管理黑洞中‘独自完成这些事情’，而不是领着团队一起做时，都不会产生最好的结果。”

托尼讲话时得心应手，我笔走龙蛇，试图跟上他的节奏。

“本周你应该学会的是，你得把逃离管理黑洞置于优先考虑的位置，和自己的团队成员保持联系。成功的领导行为，要求你建立一支这样的团队：你可以从他们那里获得坦率的反馈，并得到他们的全力支持。建立你的团队可能不是一件容易的事，它要求你远离管理黑洞的舒适，从下属那里获得持续的反馈。”

“你说过，查德和珍妮因为你没有让他们经常性地参与决策而感到失望。大多数优秀员工——就像这两名员工一样——都希望承担起责任，使情形得以改进。但是，如果他们觉得自己的努力在你眼中无关紧要，就会保持沉默。这有点像买车或租车。大多数人对于租来的车的态度，与对待自己购买的车的态度截然不同。你最后一次清洗租来的车是什么时候？”托尼自问自答，“当人们参与团队决策时，他们会做出不同的回答。”

“逃离管理黑洞或许会有些痛苦。你或许放不下那些你可以舒舒服服从事的事情。不管怎样，逃离管理黑洞是值得的。事实上，如果你不逃离管理黑洞，是不可能实现高水平的长远领导的。查德和珍妮的话说到了点子上。他们说，他们对你的期望很简单：雇用优秀的员工；指导每一个团队成员，让他们变得更加优秀；解雇不完成分内之责的员工。按照他们的要求去做，你就会逃离管理黑洞，关注自己的下属。

“杰夫，他们的期望实际上是很好的建议啊。人们都希望自己属于一个胜利的团队，胜利的团队中必须有赢家。在完美的世界里，每个团队成员都有成为最出色的工作能手的意愿和能力。但是，现实生活中，每个人都承担同样多的工作，这样的情况是很少发生的。

“我们不妨这样来看待这个问题。大多数团队都包含如下三种类型的员工，我称他们为超级星、中层星和流星。

“超级星在你的团队中为数不多，他们富有经验和学识，想在工作中有最出色的表现。你知道哪些是超级星，他们通常占团队成员总数的 10% 至 20%，你让他们干什么他们就干什么。”

我点了点头。“我知道我的团队中哪几个是超级星。”

“你可能希望团队中的超级星比例再大一些，但是，他们常常获得提升，去承担额外的责任。你的超级星总是有不凡的表现，他们因此被归入超级星。千万不要忽视他们。在有些机构中，他们"受到了侮辱"，而没有"得到褒奖"，因为他们不得不完成团队中那些不完成分内之责的员工的工作，这很不好。

"第二个群体——通常大约占你团队成员的50%——是中层星。他们或许还不具备成为超级星的经验，或者他们之前可能是超级星，但是由于某些原因，现在失去了成为超级星的动力。他们既可能在未来成为超级星，也可能继续往后退。

"中层星的表现变幻莫测。有时候，他们超出你的期望；有时候，他们达不到你的期望。不过，具有讽刺意味的正是在这里。作为团队中最大的一股力量，中层星是团队的支柱。你影响这个群体的表现的能力，对于你的成功至关重要。

"中层星一直睁大双眼在盯着你——他们看你如何对待超级星，之后他们基于你的行动，决定是否要付出代价成为一名超级星。

"最后一个群体我称之为流星：他们凡事将就，能不做就不做。这一群体的人数通常很少，但是，其影响却很大。他们总是不完成自己的分内之责。事实上，他们不仅不完成自己的工作任务，还妨碍表现最好的员工出色地完成任务。你要想成功，必须好好应对这一群体。

"不合适从事某项工作、在团队内制造消极氛围的流星会损害你的团队。”托尼解释道，“清除通向团队成功的障碍是你的职责。如果你拒绝解决不合格员工的问题，你可能需要重新评估到底谁不合格，或者谁没有努力干活。

“如果你总是给超级星分配过多工作——就像查德和珍妮说的那样——那么，你就不应该指望他们继续做超级星。当然，不管肩上的工作负担有多重，肯定有一些超级星永远是超级星，不过，有些超级星会因为你安排给他们的额外工作而被迫变成中级星。

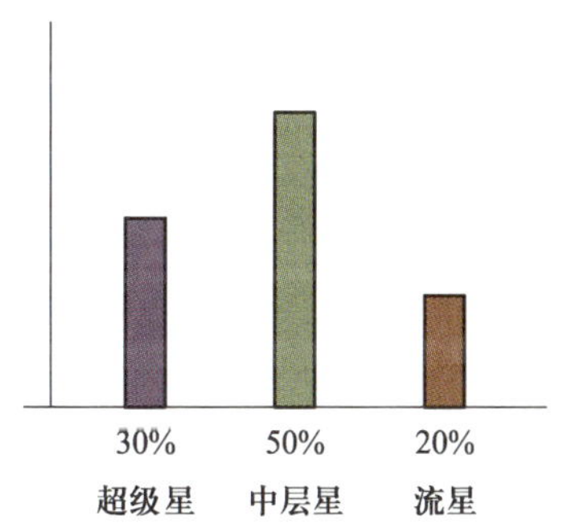

“让我们来看一下这张表。”他边说边从文件夹里抽出一张纸来，“在这张表格中，你可以接受的最低工作表现水平在哪里？”

“当然，”我说，“这太简单了。我可以接受的最低表现水平是

50% 的中层星。在这里。”

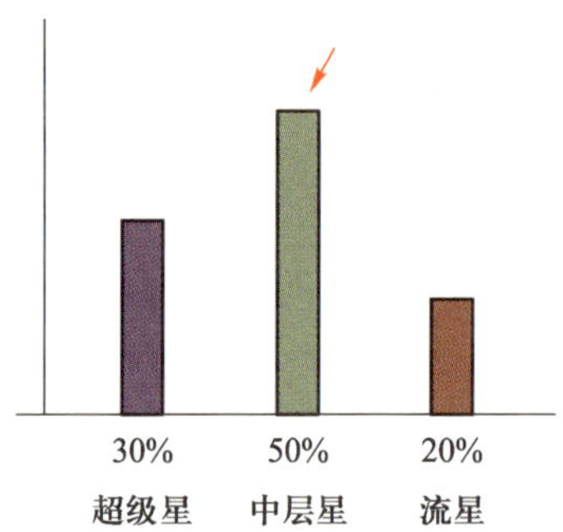

“不，杰夫，可接受的最低水平实际上在这里，垫底的 20%。”托尼纠正道。

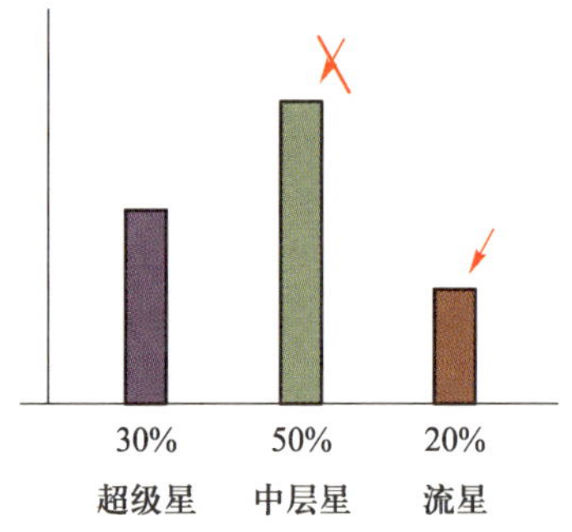

“你瞧，表格中垫底的员工还在你的团队中，所以，你得接受他们的表现。事实上，许多经理——有些你可能认识——会通过分配他们较少的工作并给予他们还过得去的表现评价来褒奖他们。”

“如果你这样做，你应该料到会有更多的员工沦落成流星。”托尼说，“如果少干活仍然能够获得奖励，员工就会越干越少，弄明白这个道理又不难。不幸的是，这符合大部分人的天性。

“相反，你或许不会忘记这样的经历：作为超级星，你被分配从事额外的工作，因为你的经理面临着时间危机，需要有人快速完成这个任务。我肯定地说，经理不是要有意‘侮辱’你，但是，在最后的分析中，你或许就是这么想的。

“侮辱你的明星员工，冒着他们变身为平庸员工的风险——这与你的要求背道而驰。你的职责不是通过调整并照顾表现最差的员工来降低表现下限，而应该通过认可并嘉奖超级星的行为来抬高上限。”

我再次点头表示赞同。

“你不能只是躲在管理黑洞中，忽视员工的表现问题，期待你的超级星始终是超级星。”托尼强调道，“查德和珍妮的话就是这个意思。他们需要你指导每一个团队成员，解雇不完成分内之责的员工。”

“但是，托尼，不管解雇谁，都是一件很困难的事情。”我试图为自己辩解，“我们有许多规定；解雇一名员工需要很长的时间，我说不好花这么多时间解雇一名员工值不值得。现在解雇一名员工，或许比您那时难多了。您想象不到解雇一名‘流星’要历经多少周折和磨难。”

“我从没有说过解雇员工很容易，杰夫，”托尼回答道。看来，他心中早已做好了回应我的准备。“不过，我确实说过，在人们‘罢工’之后，你让他们继续承担原来的工作，会付出沉重的代价。那是你所能拥有的最坏类型的员工——这个人心思已经不在这里了，但每天依然来上班。即使在我年轻的时候，解雇员工也是一件很棘手的事情。和你现在一样，公司有严格的规定。制定这些规定，是为了确保你公平一致，而不是为了阻止你解雇那些自己选择达不到规定的行为准则的员工。事实上，如果你已经制定了行为准则，给员工提供了反馈，让他们负起责任，当你解雇员工时，人力资源部门对你会有很大的帮助。”

“让人力资源部门抓狂的是，有人要解雇某个员工，可就在两个月前，该员工获得了不错的表现评价。”托尼解释说，“这样的情况我见识过许多次——但是，经理却反过来责怪人力资源部门把事情搞得难办了。”

“我也见识过这样的情况。”我说，试图不让他知道我也不止一次犯过类似的错误，“但是，在大多数情况下，我想我能悉心加以指导，使流星改过自新，这样就不必解雇他了。”

“当然，你可以让一些流星改过自新，”托尼说，“但是你必须就你要在这个漫长的‘改过自新’过程中投入多少精力做个决定。我不想给你竭尽全力帮助员工改过自新泼冷水，但是要记住的是：如果你已经制定了员工守则，做了你该做的事，而他们仍然表现不佳，或许还有别的什么原因——如此情形之下，即使是文斯·隆巴蒂[①]也无法使他们实现大逆转。”

“把流星留在团队中会让你付出代价的。”我的良师强调说，“不妨来打个比方。你知道我非常喜欢高尔夫，我想，从伟大的高尔夫运动中，我们可以学到许许多多的领导知识。”

“是的，我还记得我读过您最初写作的其中一本有关高尔夫与领导力的书。那本书教会了我许多打高尔夫的技巧，还传授给我许多领导学方面的知识。您在书中分享的一些建议，我到现在还记忆犹新，并一直在运用这些建议。”

“太好了！”托尼说，“你的这个例子会出现在我下一本有关高尔夫与领导学的著作中。前不久，我买了一只新的高尔夫球杆——三号木杆——我正需要一只这样的球杆。它体现了最新科技，看上去非常漂亮。《高尔夫》杂志给予这种球杆最高评级，在我用这只球杆击球前，我真的很为它自豪。后来我用这只球杆在练习场和球场上击了上百个球，但球

---

① 文斯·隆巴蒂是美国橄榄球传奇教练。——译者注

就是不听我的使唤。你能想象我的挫败感有多强。

“最后，在花 400 美元买下这只三号木球杆、练习了几个小时、在球场上击出了许多个坏球后，我不得不做出决定：我该如何处理这只球杆？

“选择之一，是把这只球杆放在包里，并欺骗自己说我并没有犯什么错误。‘忽视它’策略的问题是：我仍然需要一只球杆，来击打适合三号木球杆距离的球。

“规则只允许我使用 14 只球杆，所以，包里保留一只派不上用场的球杆，会妨碍我购买另一只我信得过并且可以持续使用的球杆。对问题置之不理不是一个好的选择。

“另一个选择是继续使用这只三号木球杆。即使在打了无数个坏球后，我的自尊心告诉我，我仍然驾驭不了这只球杆。我继续使用这只球杆打了若干轮，结果仍是一次次打出右曲球、左曲球，将球击到深草区、沙坑、树上及界线之外。使用这只球杆简直要把我逼疯了，但它也在伤害我的运动，毁灭我的自信，影响我的态度。继续使用这只球杆不是解决问题的办法。

“我最后的选择是：接受这只球杆不适合我这一事实。虽然别人极力推荐，对于其他高尔夫球员来说也确是一只不错的球杆，但它并不适合我。最终，我选择接受面临的经济损失和对我自尊心的伤害，把这只三号木球杆卖给了某个更适合它的人。我的朋友从我这里买走了这只球杆（花了50美元)，并利用这只有损我的态度、耐心、自我评价和成绩的球杆，成为一名更加出色的高尔夫球员。”

“现在，我包里有了一只新的三号木杆，我用得很顺手，击球时充满自信。”托尼坦承，“不是我挥杆击球动作或球杆有什么问题，问题在于我的挥杆击球动作不适合那只球杆。对于那只价格不菲、技术先进、看上去漂亮却不适合我的球杆，我已经尽了自己的所有努力。一旦接受了这样的事实，我的球技也有了长进。

“同样的道理也适用于你的工作。那些并非最适合你的团队职位的员工，可能适合其他职位。在做出解雇决定之后，你的行动越快，对你和团队越有利。”

“这个比方真的太好了。”我表示赞同，“现在让我看看我能不能就此做个决定。我不能忽视流星。给他们足够的时间，让他们改变主意。但是，在我尽了所有的努力之后，我就要继续往前推进了。”

“事实上，这是他们自己的选择。”托尼反驳道，“如果他们知道可以接受的行为准则、工作表现期望值及不遵守行为准则的后果，那么，他们就替你做了往不同方向推进的选择。”

“最打击团队积极性的单一因素是有员工不完成其分内之责。”他继续说道，“坦诚地解决这些问题，必要时解雇他们，这需要你拿出几分勇气。如果你掺杂感情因素，并考虑员工的短期生计问题，你就很难与他们对话。

但是，如果你为他提供了通往成功的所有机会，而他的表现却没有达到你的期望，那就鼓起勇气，让他到能取得成功的地方去。这不是你个人的错误，也不是员工的错误——只是这个工作不适合他。

“从我的经验看，大部分被解雇的员工最终会证实，‘这是发生在我身上的最好的事情。’这听起来或许难以置信，但不少解雇行为会迫使员工离开不适合的工作，投入到更符合其能力和兴趣的工作中去。对其他留在团队的人及领导者来说，这也是再好不过的事情，很少会有例外。”

“您说得太对了，托尼。最终他们会说，在自己的职业生涯中，他们遇到的最好的事就是让他离开。”我说，“我能说出几个被解雇的人，后来他们都找到了自己‘合适的’工作。但是，当他们被解雇时，肯定不这样想。他们觉得痛苦，感到沮丧，对管理层怒气冲冲。”

“是的。”托尼说道，“他们肯定会感到愤怒和受挫。为了尽力保全自己的面子，他们会责怪其他所有人。”

“好的，我们已经花了许多时间讨论流星的问题，但是我也不能忽略超级星和中层星。”他提醒我说，“中层星是‘不确定的’员工。他们可能成为超级星，也可能成为流星。你影响这一群体的表现的能力对你的成功至关重要。

“通常，激励中层星成为超级星的是你所做的一些‘小事’。比如，记住一些有关他们及其家庭的信息，征询他们的意见，在他们需要鼓劲的时候，耐心倾听或为他们做些特别的事情。要提高团队成员的表现标准，你得让你的中层星的表现得到提升。”

“至于你的超级星，”托尼继续说道，“有些经理认为，超级星不应该受到打扰，他们想独立工作，也应该让他们独立工作。但通常并非如此。

“他们可能不想或不需要你告诉他们该做些什么，该怎么做，但是，他们也不希望被忽视。超级星常常有着很强的个性和自我，他们需要你赞赏他们的辛苦努力和做出的贡献。如果你忽视他们，他们可能认为你不在乎他们，并可能开始寻找会赏识他们的工作场所。要多关注他们。”

托尼停了下来，很显然是在思考下面该说些什么。

“好了。我想让你试试这个。在活页笔记本上写下每个员工的名字，然后将他们分为超级星、中层星和流星三种，包括珍妮和查德在内。”

“这太简单了，”我说，“我当然知道谁是超级星，谁是流星，我想其他的人就是中层星吧。这样的话，包括珍妮和查德在内，我有六个超级星、三个流星，还有八个中层星。”

“很好，”托尼说，“现在，我想让你把这个名单带回办公室，去你的文件框里查看一下每个人最近的工作表现。然后，将他们最近的表现评价得分标在名字旁边。接下来，取出他们的人事档案，在每个名字旁边，标出过去六个月中你表扬他们以及记录他们工作表现提升的时间，这就成了一封嘉奖信，或是一份表现提升文件。下周会谈的时候把它带过来。”

我知道他要干什么。这将是一次精彩的练习。

“哦，杰夫，会谈结束的时间又要到了，不过你已经取得了不小的进步。我很感激你认真对待我们的会谈。”托尼笑着说，“嗯，顺便提一句，与你共度的时光非常愉快。告诉我，本周你有什么不同的打算呢？”

“嗯，我要集中力量解决几个问题。”我开始说道，“第一，我要完成有关超级星、中层星和流星的练习，那会很有意思的，我正需要这种练习。第二，我要在团队中继续讨论什么是我们的‘要事’，这样可以消除大家的迷惑。第三，我会着手指导团队员工。但是，在这方面，我需要您的帮助，因为我真的不知道该如何进行才好。

“明天我会拿到我团队的年度调查结果。我觉得年度调查不会有多少出人意料的东西，不过，它可能提示我们一些另外的领域，供我们在余下的会谈时间里讨论。下周我会和您分享调查的结果。”

“太好了！你要做的事不少。”托尼用低沉而洪亮的声音说道，他对我的态度改变显然非常满意，“听上去你已经开始思考我们下一次的会谈了，能帮助你指导员工我感到很荣幸——在余下的会谈中，我们会有一次专门讨论这个话题。”

“下周见！”

逃离管理黑洞

我需要与下属保持联系。

我的团队需要我雇用合适的员工，指导每一个团队成员，解雇不完成其分内之责的员工。

我的职责不是通过调整并照顾流星来降低表现下限，而是通过表扬和奖励超级星提高表现上限。

我不能对员工表现出的问题视而不见，也不能指望它们会自行消失。

视批评为礼物

第四次周一会谈时，我八点不到就到了托尼家。我有许多话要跟托尼说，所以上周五的时候，我给托尼打电话，问他我们的会谈能否提前到八点开始。

“人们常说的早起的鸟儿是什么意思？”托尼打开门，轻声笑道，“不过，是什么让你这么早就来了，杰夫？”

“我整个周末都没怎么睡。”我实话实说，希望我的话不会像我自己认为的那样听起来含糊不清，“我还希望我们今天的会谈能延长一点，因为我真的很想听到您的建议，托尼。”

“没问题。我去冲些咖啡，然后就开始。”托尼很快就端着两杯热气腾腾的咖啡回来了。他在那张靠背扶手椅中坐定，笑着问道：“好啦，出什么事了？”

“上周一从您这里离开的时候，我真的很激动。不过今天我觉得，上周以来我又倒退了很多。”我坦承道，“这一切始于我完成了对超级星、中层星和流星的统计，发现自己评价雇员的方法真的前后很不一致。”

我的话比脑子转得快，不过，我还是想把事情的前前后后说出来。“有些流星的表现评价比超级星还要好。我又查阅了人事档案，虽然我已经知道那里会有什么样的记录——或者我应该说缺少什么样的记录。”

“结果你发现……”托尼问道，他是在等我完成他的问话。

“在过去的六个月中没有嘉奖信，只有一次表现提升记录，是一位超级星的！我真不敢相信自己的眼睛！

“重要的是，在表扬和表现提升方面，我把每个人都归为中层星。怪不得珍妮和查德觉得受到了侮辱！我本该更了解这些情况的，我也确实比较了解这些情况，但我还是这样做了。”

我抿了一口咖啡。“然后，我与下属集中讨论了何谓要事，我们在这方面的确有了一些进展。最后，人力资源部门正在征集应聘者来面试，以填补部门内的两个职位空缺。

“但是现在出现了‘新’情况。还记得上周我说过我会拿到团队的年度调查结果吗？所有团队成员、我的经理卡伦，都参与了调查。这实际上就是他们对我的工作打出的成绩报告单。

“坦率地说，我并没指望年度调查会出来什么重头消息。不过，当拿到调查结果时，我还是感到很惊讶。我无法相信我看到的东西，不过，今天我还是把调查结果带来了。以下是我的下属和老板对我的一些主要评价。”

杰夫应该努力让自己更容易找到。

他需要更加及时地做出决策。

杰夫需要提高直接报告及重要问责的清晰度。

杰夫奖励平庸。

他同时做太多工作，并且不给人以反馈。

有的会开了两个小时，却只讨论了值得花一个小时讨论的内容。

杰夫最大的挑战是让下属各负其责。

我们开会就是浪费时间。

他需要更加迅速地发现并解决问题。

他不追究任何人的责任。

杰夫必须更加直接。

杰夫解决问题时必须更加高效。

“按照 1 分到 7 分的等级（7 分代表优秀），我的团队给我打了 4 分。你能相信吗？”我问道。

“好了，首先我想问你，你觉得调查结果公平、准确吗？”托尼回应道，一副义正词严的外交官神情。

“不，这结果不公平。”我非常生气地说道，“我为这些人忙前忙后，我感觉他们在这个匿名调查中背叛了我。调查结果会一直送到高层，我的上司会认为我的工作没有做好。我同时感到很尴尬。”

“我知道你的感受。我也有过让我大吃一惊的时候。”托尼说，试图抚平我的创伤，“不过，处在如此情绪化的时刻，你得明白，事情从来不像看起来那么糟糕，就像在顺境之时，事物也不像表面上那么顺利一样。事情总是处于某个中间地带。”托尼补充道，“我想问：有正面评价吗？”

“不多，”我生气地说道，“以下是他们认为的我所谓的‘优点’。”

杰夫善于倾听。

他是一位很好的倾听者。

他善于团队合作，工作很努力。

杰夫努力做正确的事。

杰夫业务很在行。

他人不错。

他很有人情味，善于和团队打交道。

“表单中有一些很值得称道的优点，”托尼说，“不过，从之前的会谈中你透露给我的情况看，有这样的调查结果真的并不出人意料。你在第一次会谈时谈到，你的领导风格是成为团队一员，让每一个团队成员都喜欢你，你似乎达到了这个目标。

“但是，如果你记得的话，我说过，如果你的团队因为正当的原因喜欢你，那是一件好事。但是，如果他们喜欢你，是因为你请他们喝酒，带他们出去下馆子，那会带来麻烦，现在我们就面临着麻烦。”

“我还注意到另外一件事情，”托尼继续说道，“有些共同的回答都与这样一个事实有关：你必须尽到作为领导者的职责。在我看来，你的团队似乎在请求你负起责任。”

我点了点头，虽然我并不能确定自己是否同意他的说法。

“当然，很少有人会说他们愿意承担责任，但是，实际上，每个人都希望他人能够负起责任。”托尼指出，“这就是他们传递的信息。他们希望你更好地利用他们的时间，更加经常地逃离管理黑洞，和他们保持联系。

“重要的是，我认为他们的要求并不过分。他们希望你成为他们的领导，而不是伙伴。”

“你手中的调查报告非常有价值，虽然你可能并不喜欢。”托尼接着说，“但是，这份调查报告包含的信息，大多数人要花很多钱才买得到。这个调查揭示了员工对你这个领导者的真实看法，并给你提供了要成为一名更加合格的经理人所需要的信息。这个调查是对你的诚信检查，杰夫。”

我确定此时的我露出了疑惑不解的神情，托尼于是做了进一步的阐述。

“这个调查是一次诚信检查。因为现今商业的节奏比过去要快，大多数人不会停下来进行诚信检查，所以，他们重复同样的事情，直到自己没有了选择。

“认识到你并非第一个因为某个调查而惊恐地意识到现实情况的人，也是非常重要的。有时候，我们忙碌于繁忙的日程安排，从不花时间停下来，为自己的职业油箱加油——直到晚上六点钟上了高速公路时，我们祈祷车子在汽油耗干前能顺利地开进加油站。看起来，这个调查来得正是时候。”

“来得正是时候？”我大声质疑道。

“因为你还有别的选择。”托尼指出，“而且现在改变做事的方式还为时未晚。

“如果你现在想倾听他们对你的评价，并从中汲取教训，我们这次会谈不妨就聊聊这个话题吧。如果你想为自己开脱，试图证明你每一句话都有正当的立场，那么，我们最好还是把时间花在别的事情之上。这由你决定。”

“不说说自己的理由，不对事情何以如此做出解释，这对我有点难。”我反驳道，“我感到失望，觉得受到了伤害，不过我来向您求助的首要原因是让自己摆脱当下的困境，这些信息或许有助于我达到这个目的。”

“太好了。一会儿我们仔细研究一下那个报告，看看你的下属对你有什么期望。”

“在一个理想的世界里，”托尼开始说道，“我们希望每个人都赞同我们的想法，夸赞我们做出了迄今为止最好的行为。但是现实是，有人会批评我们。有人批评是一件好事。决定如何面对别人对我们的批评，这是一个选择问题。”

“你或许不想听，但是，在我看来，你对报告中的每一句批评都做出回应，是在浪费时间，”我的良师指出，“有些话是对你的人身攻击——他们写下这样的话，或许是因为他们基于某种原因不喜欢你这个人。

“这种批评——对你的人身攻击——永远不会有助于你成为一个更成功的领导者。事实上，这些批评不值得你花时间去琢磨它的真正含义。相反，要重点关注那些有助于你从错误中学习的批评性意见，这样你就能实现自己的目标。虽然制造人身攻击的人可能直言不讳，但有这种想法的人并不多。

“人身攻击型的批评让我想起一个老农夫的故事。这位老农夫刊登广告出售自己的‘青蛙农场’。农夫声称，农场里有一个池塘，里面满是漂亮的青蛙。

“有个潜在的买家找上门来时，老农夫让他晚上再来，这样就能听到青蛙清脆的叫声。潜在的买家晚上返回农场，当他听到农场池塘里传来魔力般的蛙鸣声时，当场付款买下了这个农场。

“几周后，新的农场主人决定把池塘的水放干，这样就能逮住大量的青蛙拿到市场上去卖。但是，让他惊讶不已的是，当水放完以后，他发现所有的声音都来自于一只老牛蛙。

“那些攻击你的人可能也是这样。不要让‘一只老牛蛙’的批评声妨碍你从事你该做的事情。”

托尼咯咯地笑了笑，然后继续说道，“好吧，现在让我们重点说说那些对你有价值的批评。这个调查反映出一些员工共同关心的问题，我们应该欣然接受——而且你应该将之视为事实。本来就是如此。”

“从根本上说，不管我们多么成功，我们都离不开批评。批评让我们把分散的注意力聚焦于工作和生活中一些更加重要的方面。我相信批评是一种‘教育手段’，”托尼说，“更具体一些说，批评是贯穿我们一生的学习工具，能教给我们确实的教训。”

“和许多人的看法不同，我强烈地认为，批评并不总是消极负面的。事实上，在员工调查等许多情况下受到批评是成长过程必不可少的积极组成部分。

“对待批评的正确办法是重视批评，”托尼强调，“总是倾听他人的批评，同时思考人们为什么要这样批评你，批评者何以希望你了解他／她的想法。

“批评也有好处。来自恰当的人的批评会促使人进步。许多员工害怕工作表现评价或雇员调查。他们知道自己会受到批评，尽管工作表现评价中正面的评价可能会比负面的评价多。那些注重反馈并且根据反馈做出调整的人，最终会获得再次晋升的机会。”

我点头表示赞同。我自己过去的经历就是这样的。

托尼接着说：“我们拥有的最大余地是改进的余地。总有一些事情，我们可以做得更好，做得更频繁，或者以不同的用心程度来做这些事情。恰当的批评有助于我们将注意力放在为了更加成功而必须做的那些事情之上。

“此生一路走来，我总是听见有人自我吹嘘‘我欢迎建设性批评’，但是，有的时候，这种请求难以让人相信。为什么？基于人的天性，建设性批评常常给人带来一定程度的痛苦，尽管它可能有助于我们纠正某个错误，消除某个弱点，或者绘制更加成功的路线图。

“批评会让人感到痛苦，原因之一，我称之为心理固化。我们天生认为自己的想法是最好的——或者是唯一管用的想法。心理固化的第二个阶段是听不进任何建议。所以，如果我们认为自己的想法是最好的，或是唯一管用的想法，对他人的任何建议都充耳不闻，其结果只能是：我们会因为自己的顽固不化而停滞不前。”

“我想我从来没有听说过这个词。”我边说边在笔记本上写下这个词的定义。

“这个概念不常用，人们的理解也不是特别到位，”托尼解释说，“其对立面是灵活变通的能力——带着学习的目的倾听，这样你就能做出更有根据的决策。

“所以，一旦你选择接受批评，视之为一种学习工具，我愿意教给你几条具体的建议。”

1. 认可批评是一种反馈——而且我们都需要反馈。
2. 问自己如下几个问题：谁在批评你？他或她有资格批评你吗？他或她是想故意伤害你，还是试图帮助你？客观地说，这个人所说的话有一定真实性吗？
3. 建设性批评是别人给你的礼物。谢谢给你建设性批评的人。

4. 乐意从他人的批评中学习。不要任凭他人摆布你的自尊。喜欢真实的自己，使你更容易评估他人的批评。
5. 在你有机会评估他人的批评后，清楚地表达你对批评的感受和想法，进而采取改进措施。
6. 如果你想听到他人的建设性批评（而且你应该听到），倘若对方感兴趣，你也要乐于建设性地批评他人。

“这几条建议真的太棒了！”我边说边在笔记本上将它们快速地逐一记录下来。

“重要的是，批评是生活的一部分。”托尼接着说，“是把批评视为障碍，还是将之视为他人对你的帮助，你可以自己选择。人类行为研究专家鼓励我们乐于接受批评，并且要大大方方地接受批评。

“说实在的，批评——包括建设性批评以及建设性不那么强的批评——应该成为在我们发展自己的技能和思想的同时个人借以成长的一种工具。最终，我们会找到舒适区——对批评置之不理和对听到的每一句话都言听计从的微妙界线，并学会接受批评，而不是在受到批评时为自己开脱。”

“这个调查应该成为你改进提高之旅的起点。”托尼指出，“我建议你尽快做如下三件事情。”

1. 和你的下属开个会，评估调查的结果。承认他们给你提供的信息很有价值，你准备更好地理解这些信息，这样你就可以在领导方式上做些调整。
2. 征询他们的反馈。对于你改进自己的领导，他们有什么建议？以开放的心态倾听他们的建议。你获得的信息会很有价值。
3. 制定一个改进领导方式的行动方案。与你的下属、上司分享这个行动方案，请求他们让你承担起方案实施的责任。

“你意下如何？”托尼问。

在开口说话之前，我花了几分钟时间，试图了解自己的真实想法。“我知道我不喜欢别人批评我。”我开始说道，“但是，批评很可能表面上是坏事，实际上是件好事。听了您的一席话，我觉得，或许团队对我的批评是他们送给我的礼物，我必须接受。我对他们的批评并不满意——我希望他们和我面对面地交流看法——不过我知道，如果他们那么做，我可能会心有戒备，到头来什么也不会改变。”

“本周我准备按照您的建议召开会议，我要对他们的坦诚表示感谢，并征询他们的反馈，开始实施改进计划。”我做出了决定，“就像我之前告诉您的那样，我正陷于领导困境之中——我只是不知道这困境有多难应付——我要采取行动，走出困境。与您的会谈及此次调查给了我需要的一把铁锹，我要利用这把铁锹，掘出我走出困境的路。”

“太棒了，杰夫。你没有让我失望——而且我知道这种信息很难获取。”托尼笑道，“祝你的会议取得成功！我很渴望听到会议的进展情况。”

视批评为礼物

了解每个人都需要负起责任，包括自己在内。

重点关注那些建设性而不是攻击性的批评。

接受建设性批评，将之视为礼物。

认可批评是一种学习工具，它能终生给我们以教益。

NO.5
做正确的事

当到达托尼的家时，透过他家的窗户，我看到他正在打电话。他一挂上电话，就急匆匆地向大门走来，准时用父母般的握手和男人的拥抱招呼我。我能感觉到他刚才在打一个重要的电话，因为打电话的时候，他一直高兴得眉开眼笑。

我还没来得及开口，托尼就准备说开了。“杰夫，我刚刚挂上我儿子亨特利的电话。他现在住在休斯敦，他刚才在电话里对我说，今年秋天他和金要生孩子，我就要当爷爷了。这一天我盼了很久了。”

他停顿了一下，好像是在回味刚才的时刻，之后大声说道：“我不认为自己是老来得孙，但我还是非常激动。今天真是个好日子。”

我从来没有见识过托尼的这一面。我们会谈时，一直在进行“深入”的严肃讨论，现在我看到的是一个志得意满的男人，他刚刚得知自己就要做爷爷了，而我是第一个从他这里获知此消息的人。“这消息真是太给力了，给您道喜了！能看得出您非常激动，需要把我们会谈的时间往后推一推，以便您与家人和朋友分享这个大好消息吗？”

“不用了，我有耐心等候。在我们会谈结束之后，我再与家人和朋友分享这个好消息。不过，我得承认，我期待着下午将这个消息告诉我的那些高尔夫球友们。在我的球友中，我是最后一个当爷爷的，今天下午我有足够的时间大吹特吹一番。”

取完咖啡后，我们来到托尼舒适的书房，在通常待的地方坐了下来。

“现在，让我们言归正传吧！”他说，“我一直在期待听你说说你们讨论员工调查结果的会议的情况。告诉我，会议开得怎么样？”

“我想，会议开得很成功。”我说，“我能够倾听他们的关切，并制定了一个计划来解决下属们提及的一些问题。他们似乎也很感激有机会表达自己的想法。很显然，在倾听他们的心声方面，我过去做得不太好，我对此很在意，这让他们感到很惊讶。”

“您关于管理黑洞的理念对极了。我在管理方面花了太多时间，而和下属在一起的时间不够，”我说。“幸运的是，如果集中精力，我完全可以解决这个问题。不用说，我对团队成员的回应感到非常满意。

“会议是上周二开的，那是我上周工作的最大亮点。不过，周二以后的日子过得非常艰难。我很想听到您对周三发生的一个问题的忠告和参考意见。实话对您说，那天过后，我一直都没睡好，因为这个问题太大，对我的团队和我都有很严重的不良后果。”

托尼把身子往前倾了倾，示意我他正全神贯注倾听我的讲述。

“几个星期前，我投入时间着手解决指导员工的问题。我知道自己过去在这方面做得不好，我需要您的帮助。不过，我认为，指导超级星和中层星非常容易。我的意思是说，我想我要做的就是积极地认可他们，多为他们办事，让他们独立工作。我以为，我唯一需要关心的是流星的问题。

“不过，我的团队出了一个很大的问题，牵涉了其中的一位超级星，他对其他团队成员有着非常大的影响。事情的经过是这样的：托德已经为公司服务六年了。他的工作的确非常出色，与同事的关系也很融洽。他忠实可靠，始终如一，知识渊博。我以为他是我最好的下属之一。”

“不久前，他还会主动请求参与我需要完成的任何特别任务，”我解释道，“但是，最近他不怎么主动请缨。我想，他只是短暂不再承担一些额外的职责，就把一些额外工作交给其他人去完成。

“但是，三个星期前，我发现托德在上班时间喝酒。就此我跟他交流过，他说他知道这样做不对，只不过他正面临着一些私人问题，而且正竭尽全力加以解决。

“我告诉他我理解他的处境，但在上班时间喝酒有违公司的规定，也违反了团队的行为准则。所以，在咨询了人力资源部门后，我给他写了一封警示信，告诉他如果下次再犯就要解雇他。他认识到了自己的问题，签收了信件，并说不会再发生这样的事了。我真的相信了他。

“可是上个周五，我看到他又在喝酒。大约下午两点钟的时候，我碰巧经过他的办公室，看到他正在往咖啡杯里倒苏格兰威士忌。我想托德根本没有注意到我，便径直走过了大厅。”

“没有别的人知道这件事情。”我倾诉道，“要是人力资源部门知道的话，他们就该让我把他给解雇了。据我所知，其他团队成员也不知道他的问题。同时，我也很同情他——我知道他正在苦苦挣扎，真的很想帮助他。

“我也不会忘记您说过的要提高上限而不是降低下限的那番话。如果我把他解雇了，部门就会出现三个职位空缺，而且还会再损失一位超级星，这会让我的境况雪上加霜。

“我想我要做的是‘忘记’上周五见到的情景，看看他以后还会不会再犯，您觉得呢？”

托尼的话音中也流露出怜悯之情。“我理解你现在的处境，杰夫，我也碰到过类似的情形。做这种决策的确让人难受，而且我也不打算告诉你该怎么做。你必须自己做出决定。不过，我要问你几个问题，这些问题对你的决策过程或许有些帮助。

“首先，托德清楚公司的规定以及你的团队行为准则中关于工作时间饮酒的规定吗？”

“是的。”我边说边点头，“事实上，我们在三个星期前的工作表现讨论会上详细讨论过这个问题，他还按照要求在一份文件上签了字，表明他清楚地知道公司的规定，也知道违反规定后可能面临的后果。”

“公司的规定和你的期望公平合理吗？”托尼问道。

“是的，我认为是这样。”我回答道。

“如果发现一名流星在工作时间饮酒，你会怎么处理？”

“很简单，”我说，“我会解雇他再招新人。不过这事可没这么简单。托德正面临着私人问题，而且是少有的几名超级星之一……另外，我会降低标准，而不会提升标准。我也觉得自己有义务尽可能公平地对待他，他一直是一名忠诚的员工。”

托尼停顿了一下，之后问了下一个问题:“那么正确的做法是什么呢？”

“我真的不知道，”我回答道，“我想同情他，想帮助他，但我知道他违反了公司的规定。也许正确的做法是解雇他。但是我会为正确的做法付出代价，因为如果这样，团队又多了一个职位空缺，还少了一名超级星。坦率地说，这样的做法对我没有吸引力。”

“好吧，杰夫，我们不妨从多个不同的角度考虑这个问题。”托尼说道，“首先，你好几次提到，如果你解雇托德，会降低团队的表现标准。对此我不敢苟同。依我看，你似乎是在用这种说法为自己的错误做法开脱。

“在你开口之前，我先解释一下。你内心有两种相互较劲的情感——一种是正确的情感，一种是简单的情感。当两种情感相互较劲时，你很难做出正确的决策。

“你应该提高表现标准，以追求长远的、持久的成功，而不是求得短期的方便。短期成果很容易取得。你可以威胁下属、为他们提高薪水，或者他们要什么你就给什么，这样你就可以获得短期的成果。”

“取得长远的成果要困难得多，”托尼指出，“那必须建立一套行为准则，并得到切实遵守；需要有准确的反馈；需要根据雇员所做的决策，让员工承受相应的后果——积极的或消极的。做到这一点，需要你让员工承担起责任——这是调查中员工认为你需要改进的问题之一。所有这些都要求你具有做正确的事的勇气。

“员工们在某个方面可能是超级星，在其他方面可能是流星。根据你的工作表现标准，你将托德归为超级星。”托尼继续说道，“但是，如果以团队的行为准则来衡量，他毫无疑问是个流星。所以，你有必要将他作为流星来处理，因为依据其现今的工作表现，他就是颗流星。

“第二，我非常认同‘做正确的事’这一原则。用简单的话说就是：即使没有别人看见，也要做正确的事！当然，做正确的事并非总是那么容易——事实上有时候真的很难——但要记住，做正确的事什么时候都是正确的。”

托尼留出一点时间，让我思考最后一句话，之后他继续往下说。

“现在如果你没有一套行为准则或一定的工作表现期望的话，就很难知道怎样做才是对的。在这个个案中，这不成其为一个问题……至少从你的话来判断，这似乎不是问题。你说他清楚你的期望，甚至还签署了一份文件，这个文件清楚地载明，如果他继续在上班时间饮酒，就会被解雇。

“我首先承认，当你深深陷入如你眼下所面临的危机之时，要判断什么是‘对的’是很难的。但是，你现在正处于真实的个人‘诚信检查’之中。

“你现在的情形犹如往你的电脑中装入一个新软件。一旦装上之后，软件会自动运行所谓的‘诚信检查’——旨在确定该软件是否丢失了部分文件或是否受到了损害的一系列测试。如果程序中的任何一段代码没有通过诚信检查，该程序整体上是不可信任的。最好的情形是，该程序还可以使用，但无法正常运行。最坏的情形是，使用无法通过诚信检查的程序会导致你丢失有用的数据，甚至毁坏你的电脑，所以，诚信检查至关重要。

“眼下的情形——托德在上班时间饮酒——是对你个人的诚信检查。你知道什么是正确的事，但是你的情感指引你选择最简便的处理方法。在本个案中，最简便的方法是对你看到的情况视而不见，希望不要再次发生类似的事情。这可能并不现实，而且还会引发其他问题。但是，由于你身处危机之中，便很容易为忽视问题找到开脱的理由。”

“要谨慎选择采取什么样的方法，”托尼告诫道，“有时候，一个表面上微不足道的决策会随着时间的推移而变得重要起来。你的个人诚信也就是这样失去的——一次失去一点——而且在许多情况下，你甚至没有意识到形势的严重性。

“依我的个人经验，最佳决策一般都是在危机发生之前做出的。”托尼继续说道，“在出问题前，你可以更加清楚地思考，更好地评估各种选择。

“这一点，我是从一个飞行员朋友那里学到的。他曾经告诉我，飞机驾驶舱中放置有一本紧急事故处理手册，里面模拟和记载了飞行过程中人们能想到的可能发生的一切问题以及出现问题时可以采取的应对措施。

“你看，身陷危机中的飞行员根本不做决策——他们只是执行危机发生前制定的计划。比如，如果警示灯闪烁，表明飞机的液压系统出了问题，飞行员就会打开手册，找到解决问题的程序，然后执行那个程序就是了。”

“当飞行员面临危机、飞机正在加速下降时，要记起可能需要采取的一切措施是很难的。”他指出。

“在企业经营过程中，警报会时不时地响起，这表明我们遇到了问题。当问题出现时，有些经理会把小毯子扔到警示灯上，这样他们就看不到闪烁的灯光了。换言之，他们对问题视而不见。当然，这样做可能会让他们感觉好些，但公司仍然处在下降通道中。

“有些经理或许会把灯泡拧下来，这样恼人的灯光闪烁不见了。他们甚至还可能把灯泡交给别的部门。可当他们查看其他经营指标时，发现公司仍然每况愈下。

“有些经理会拿起斧子将灯泡砸碎，这会让他们的心情暂时好受些，但公司还是在走下坡路。

“解决问题的唯一方法，是直接找到警示灯闪烁的原因，并消除这个原因。就像飞行员一样，行动方案应该早在危机发生前就已经制定好了。

“如果你仔细想一想，你现在就身陷危机之中——警示灯在不停地闪烁——你的视线也模糊不清。当然，你可以很轻易地找到采取痛楚最少的方式、对问题视而不见而不是去做正确的事的理由，但是，事实上，问题不会自行消失。你必须采取行动。你必须做正确的事，将问题解决掉。

“孔子曾经说过：‘见义不为，无勇也。’听起来，孔子似乎是认同‘做正确的事’这一原则的。但是依这一原则行事非常困难，因为它需要

人们的自控、承诺和勇气。好好想想吧！”

托尼又停顿了片刻。托尼的教诲很有道理。

“杰夫，我要问的第三个问题是，你为什么觉得只有你发现了托德的问题呢？**经理常常是团队中最后一个知悉问题的人，而且经理看到的常常只是整体的一小部分而已。这一小部分只是冰山之一角。你看到了水面之上的冰尖，但藏在水下的部分要大得多，有力量得多，通常也更具破坏性。**

“你越深入接触，看得越清楚。托德的同事比你离‘冰山’更近，如果他们没有琢磨你对托德的行为何以放任不管，那才真是怪事呢！

“第四，你是领导者，你的一言一行都很重要。如果你认为忽视问题无所谓的话，那你就错了。你始终都在引导着员工，即使当你忽视问题，认为没有人在看着你的时候也是如此。如果你的公司设立了职业伦理部门，或是伦理执行官，你的下属一定不会拿它们当回事。对你的团队重要的是你的行为。你做的每一件事情都非常重要，因为你的下属在看着你呢，他们相信你会‘做正确的事’。

“关于‘做正确的事’这一原则，还有一点要说。做正确的事有两个面。一旦你发现什么是正确的事，你要么去做，要么不做。正确的事与错误的事之间存在巨大差别，而且没有灰色地带。你无法跨过诚信鸿沟。你要么在这一边，要么在那一边——而且你必须始终如一。”

“有些人觉得，他们的所作所为无关紧要。”托尼接着说，“如果你为了许多人认为正常的价值观而牺牲自己的价值观，会有什么影响呢？影响其实很大，因为人们在看着我们，我们的一举一动，都清楚地表明了我们是站在诚信的这一边还是那一边。做正确的事，可以使你避免滑入用一个又一个谎言圆一个小小的谎言的危险之中。

“对问题视而不见解决不了问题。忽视问题会使你的诚信面临风险。如果你失去诚信，你将无法建立或维持信任，而这正是所有人际关系的基础。杰夫，我对此再怎么强调都不过分：你必须维护自己的诚信，视之为最珍贵的领导财富，因为事实上也的确如此。但是你是部门主管，一切由你决定。

“显然你必须做出决策。那么，你准备怎么做呢？”

托尼的话再明白不过，但要做到很难。“好吧，我知道您的话都有道理。”我说道，“但是，在面对压力的时候要坚持正确的做法是很难的。我不希望看到第三个职位空缺，而且还少了一位超级星——至少在大部分领域中是这样。我也不想面对托德，因为我知道他正面临着个人问题。解雇他太难了。再说，我真的认为该问题仅仅限于托德——我认为这不会影响到其他团队成员。

“但是，我知道自己一向很公平，我也知道是他自己选择把他的职业生涯推到了危险的边缘。或许您是对的，我可能不是唯一知道此事的人。或许其他员工在看着我呢，他们会根据我对托德问题的处理对我做出评价。”

当我回想托尼的观点时，我对如何处理这件事有了大致的想法。

“好吧，我的计划是这样的：一回到办公室，我就去找人力资源部门，我会请求他们帮助我解决这个问题。”

我又做了一次深呼吸。“托尼，我已经知道了自己下个星期要在哪个方面寻求您的帮助，这不会让您感到惊讶吧。您之前提到过，我们会有一次会谈讨论雇用员工的问题，我想我得加快速度。我们能下周讨论这个问题吗？我得做出一些正确的招聘决策——特别是在现在的情形之下。祝福我吧！”

“祝你好运，杰夫。”托尼对我说道，此时我们站在他的书房里，“我们计划下周讨论雇用员工的问题。同时，处理完托德的事情后，你的心情会好起来的。你不妨这样来看待这个问题：托德的问题是暂时性的——你只需要在短期内面对它。还要记住，有诚信的领导者一生都拥有最令人敬重的美德之一。如果人们信任你会去做正确的事情，不管是独自一人，还是和众人一起，如果你是一个言而有信的人，你很快就会成为一个独一无二的、有价值的领导者。

“人们敬重那些音频与视频同步的人，换言之，人们敬重那些言行一致的人。当你明白正确的事情是什么之后，有没有勇气去做，那就取决于你自己了。

“我期待着下一次会谈，期待你告诉我你是如何处理这一挑战的。鼓起勇气，你会做得很出色的。”

“谢谢你，托尼。好好地与人分享您的大好消息！有您这样的父亲，亨特利很幸运。您是一个很特别的人。”说完，我走下正门前的台阶，向我的车走去。

“谢谢你的鼓励，这一周将会很有意思。下周一见。”托尼挥手与我告别。

做正确的事

我得承认，做正确的事总是正确的。

在陷入危机前，我得拟好自己的诚信检查行动方案。

我要记住，问题不会自行消失。

我必须维护自己的诚信，将之视为自己最宝贵的管理财富。

NO.6 只雇用合适的员工

我驱车赶到托尼家的时候，托尼正站在门口迎接我。

“你好，杰夫，”他冲我大声叫道，“这一周我巴不得早一点开始我们的会谈。事实上，我好几次都想给你打电话，问问你这一周的情况怎么样，不过我还是忍住了，现在快给我说说吧。”

我们取了咖啡，坐在靠背扶手椅中。“我先问问您，您上一周过得怎么样？把您的大好消息都告诉给您的朋友们了？”我问。

“上一周我过得棒极了。直到现在我还有些乐不可支，仍沉浸在即将当上爷爷的兴奋之中。我从来没有想到自己会对这一人生阶段感到如此兴奋。但是现在我到了这一人生阶段，我真是兴奋得不能自已。不过，现在请告诉我，你上一周过得怎么样？”

“嗯，上一周至少还算有点意思。”我开始说道，“离开您家后，我径直去找人力资源部门的琳恩讨论托德的问题。她问了我几个您问过的问题。我们认为我没有别的选择，我必须因为托德在工作时间喝酒而解雇他。她给了我三点建议，对我度过这段艰难的时光非常有帮助。她说：我们需要‘演练’解雇托德的过程，并且要考虑托德可能产生的各种反应；她还说我们要选择一个‘中性’场所——我选择了会议室。我们不是要与他进行辩论，我们是在执行他自己做出的决策。

“随后，我与琳恩开始演练我即将与托德进行的谈话。托尼，我对整个事情感到非常不安，但是演练让我觉得我们做了充分的准备，感到更有信心。我还邀请琳恩参与了解雇托德的会议。我们计算了他的薪水，拿来员工工资名册表给他开了支票，然后把他叫进了会议室。

“琳恩在会前建议说，我们对托德的态度要坚定、公平，同时必须竭力保全他的自尊心和尊严。

“当托德走进会议室时，他显然知道将要面对的是什么事。我让他坐下来，开始跟他谈上班时间喝酒的问题。他对我因为‘这么小’的事情解雇他感到非常吃惊。他还谴责我没有同情心，因为他正面临着私人问题。

“托德接着说如果团队没有了他就会垮掉，因为他比我更像团队的领导。说这话的时候，他显然既愤怒又沮丧。

“幸好琳恩和我之前预见到了他会做出什么样的反应，并做过演练。琳恩告诉我，大部分遭解雇的人都抱有同样的想法：总是别人的错、管理者缺乏同情心、出现问题情有可原。

“我得承认，琳恩在帮我准备这个会议时，表现得非常出色。会议开始前她给我的最后一条建议是：记住是托德选择了解雇他自己，我们只是在执行他的决策而已。这个建议让我的心情有了一些好转。

“总之，会议开了30分钟，让人觉得无比漫长，感情上也饱受折磨。我真的为解雇托德感到难过，但我始终记得我不过是在执行‘他的’决策。最后，他终于明白我们不会改变他业已做出的决策，便拿起支票，清理了自己的办公桌，然后离开了公司。

“我花了几分钟时间平复自己的情绪，之后就到了每周一次的员工例会时间。当然，大家想知道的第一件事就是托德怎么样了。他离开的时候什么话也没有说，但大家都看到了他清理了自己的办公桌。

“我告诉他们，托德离开了公司，我现在的首要任务是尽快找人填补他的空缺。他们问我怎么回事，我再次遵从琳恩的建议，说我不想再谈论细节了，我们现在必须同心协力，填补托德的离职留下的工作空白。我答应他们我会招聘一个合适的人选，来填补他的空缺。

“令我惊讶的是，我无意中听到两个中层星凯文和香农说，他们现在解脱了，因为再也不必继续掩盖托德上班喝酒的事情了。我不知道自己是不是最后一个发现托德上班时间喝酒的人，但我知道，自己并不是唯一知悉此问题的人。我的员工们都在看着我呢，我的诚信正在受到挑战。托尼，这一次您又对了。

“之后的会议开得非常顺利，我们最后确定了我们要完成的几件要事。我们共提出了三件要事：

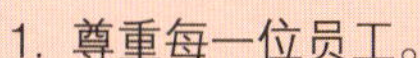
1. 尊重每一位员工。

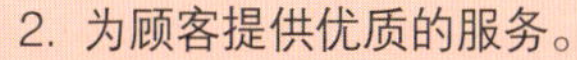
2. 为顾客提供优质的服务。

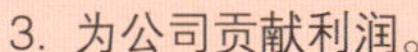
3. 为公司贡献利润。

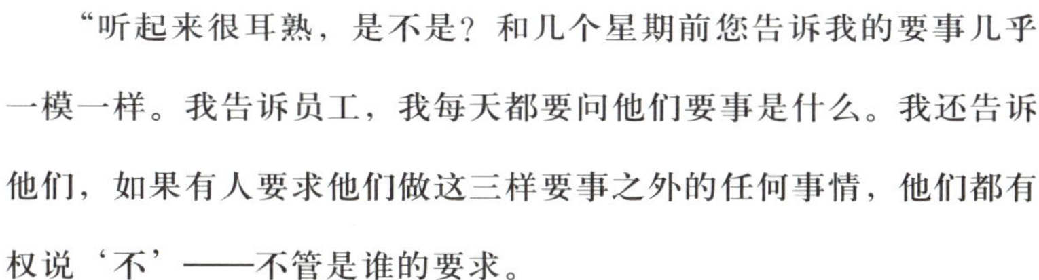
“听起来很耳熟，是不是？和几个星期前您告诉我的要事几乎一模一样。我告诉员工，我每天都要问他们要事是什么。我还告诉他们，如果有人要求他们做这三样要事之外的任何事情，他们都有权说‘不’——不管是谁的要求。

“总而言之，上周过得还不错。托德的离职产生了一些后勤保障方面的问题，但我们想办法克服了。我还意识到，我应该更早一些时间把琳恩调入人力资源部门。她精通人力资源工作，很愿意帮助我。

“同时，为填补出现的三个职位空缺，她为我确定了20名应聘者，让我对他们进行面试。本周三、周四和周五我都安排了面试。我计划在周末之前把这些空缺都补上，所以我急切想听到您对雇用员工的建议。”

现在该托尼说话了。“很好。我很高兴你圆满解决了托德的问题。杰夫，你做了正确的事，虽然这很难。我为你感到骄傲。

“关于雇用员工，我想先问你一个问题：在你所在的公司中最有价值的财富是什么？”

“很简单！”我说，“在任何公司，员工都是最重要的资源。员工组成了公司，任何公司。”

“好的。那你告诉我，在你所在的公司中最大的麻烦是什么呢？”

这个问题难一些。“嗯，我想产品不合格之类的应该是公司最大的麻烦吧？”

“两者我都不敢苟同。”托尼回应道。

我无法掩饰自己的惊讶和疑惑。“关于什么是公司最大的麻烦我说不好，”我辩解道，“但我认为，员工是公司最重要的财富，这一点不会有错。您怎么能怀疑这一点呢？顾客通过与他们打交道的员工来评价公司，所以员工是最重要的公司财富。”

“你的话我都赞同，但是我提出的是一个欺骗性的问题。”托尼坦承，“公司最重要的财富是每一个团队都有合适的员工。如果团队里都是合适的员工，那么你成功的机会就会更大。”

“每个公司最大的麻烦是你的团队里有不合适的员工。事实上，任何竞争者对你的团队造成的危害，比团队里有不合适的员工造成的危害都要小。”他解释道。

“领导者最重要的任务是雇用合适的员工。如果你的团队成员能力低下、效率不高，你是不可能拥有强大而高效的团队的。

“杰夫，现在你面临着大好时机。由于出现了三个职位空缺，你正可以借此大幅改造团队的构成。你可以通过挑选合适的员工进入团队，增加员工的多样性、激发新的理念、增添团队的能量和思想火花。”

“你说你想在本周末之前就物色好三个人选，”他接着说道，“我

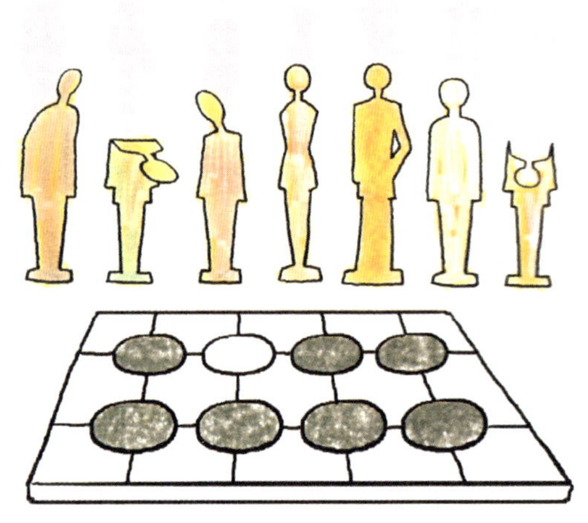

觉得这样做不太合理。你应该精挑细选，而不是见到一个达到了最低要求的人就录用。你要让人们把加入你的团队视为一种荣幸。如果你招聘时精挑细选，管理这些合适的人就会容易得多。

“要么精挑细选，进而管理起来更加轻松，要么轻松招聘，进而管理起来困难，二者之中你得做出一个选择。我可以向你保证，你的最佳选择是把时间花在前一种方案上，这样你就可以乐享拥有合适团队员工的益处。”

“当开始面试及雇用环节时，”托尼解释说，“首先你要明白的是，你或许并不是一个优秀的面试官。别为此感到不快，这对你不会有什么坏的影响。在过去几年里你聘用过多少人？”

我立马给了他答案，“去年我聘用过两个人，前一年聘用过一个。此前部门人员的变动并不大。”

“杰夫，如果你两年内只聘用过三个人，你不会是一个优秀的面试官，除非你有良好的面试方法。不是说你不能成为优秀的面试官，只是因为你并不经常运用面试技巧。经常运用面试技巧的经理并不多。如果你不经常运用面试技巧的话，你需要一个好的面试方法，帮助你做出最佳决策。”

“我相信人力资源部门的琳恩能为你提供面试的方法和技巧，你甚至可以邀请她一同参与招聘过程。“托尼说完，停下来抿了一口咖啡。

“接下来我要给你一些有助于你更好决策的建议。

“许多人面试时会犯的第一个错误是准备不足——他们基于对方的性格特点就做出聘谁不聘谁的主观决定，而不是基于客观的事实做出客观的选择。要精挑细选，就得做好充分的准备。许多人直到求职者已经到了大厅才开始准备。如果不做好充分的准备了解你将要决定的人，你怎么可能做出好的决定呢？在求职者远没有到达大厅之前，你就应该做好准备。我认为，绝不能以缺乏准备来对待可能成为你最有价值的财富的人。相反，要提前把每一个问题——以及你的理想答案——都准备好，这样你就可以专心倾听对方陈述并做出评价，而不是坐在那里绞尽脑汁去想下一个要问的问题。”

“另一个常常出现的与面试有关的问题是，面试官总是掺杂着情感因素。空缺的职位会占用你的时间和精力，所以你想尽快把空缺补上。你的情感希望某个人是‘合适的’人选，即使对方并不合适。要和这种情感作斗争。如果你多花一些时间聘用到合适的员工，你以后的境况会好得多。”托尼说，“我建议你让琳恩或人力资源部门的其他人来帮帮你——他们不会有你面对这些职位空缺时的情感。

“招聘过程中我推荐‘三三原则’，我认为你应该遵从这些原则，防止你的情感妨碍你做出正确的招聘决定：

每个职位至少面试三个符合条件的应聘者。

每个应聘者面试三次。

要有三个人对应聘者进行评估。

“我知道这听起来似乎要花很长时间，但是请你记住——精挑细选是你的职责。”

我飞快地记笔记。这几个原则非常不错，我打算运用这些原则。

“琳恩已经为你提供了 20 个符合这三个职位要求的应聘者，”我的良师指出，“这很好，你的选择面更大了。在第一轮面试后，把面试范围缩小到九名最佳的应聘者。有时候，我会把第二轮对九名应聘者的面试，安排在与第一轮面试不同的时间里进行。换句话说，如果第一轮中某个人是在上午进行面试，第二轮面试就安排在下午或晚上。既然你整天都在忙着面试这些应聘者，干吗不看看他们在不同的时间里会有什么样的表现呢？

“因为你和琳恩都参与了面试，你或许想让一位超级星也参与进来。超级星或许能在应聘者是否适合现在的团队方面给你一些建议。许多超级星视此类参与为一种奖励。你还会发现，你手下的超级星会迅速承担起对你最终决定聘用的应聘者的责任，帮助他／她确定自己的定位。这种安排对谁都有好处。要提醒你的是，如果超级星不喜欢参与面试，别强迫他这么做。但是，如果他对参与面试表现出兴趣，他能成为你出色的信息来源。

“如果应聘者不是你想要的那种人，不要硬把他‘拉伸’成你想要的人。如果对应聘者是否合格存在任何疑问，就舍弃他，继续寻找合适的人选。”托尼说，“我见过很多‘接近应聘要求’的人被雇用，后来，雇用他们的经理发现，他／她当初或许是放松了一点自己的评价，才觉得他们‘接近应聘要求’的。

“千万不要忘记这一点：一旦被录用之后，应聘者的表现不会比在面试中展示给你的好很多。是的，他们可能会更有经验，但是，加入团队以后，他们的笑容不会更加灿烂，他们的态度不会变得更好，他们的个人卫生状况不会有所改进，他们从事被分配的工作的意愿也不会改变。你在面试时看到的，是他们最好的一面。重要的是：在加入你的团队之后，他们不会变得比你面试时看到的他们更好。如果他们最好的一面‘接近你的要求’，你最好还是继续寻找合适的人来填补你的职位空缺。

“相信我，这是我的经验之谈。永远不要仅仅为了填补职位空缺而降低你的标准——以后你会付出代价的。”

他停下来看了看表，脸上流露出一丝惊讶的神情。

“我们好像才刚刚开始，可是我看今天结束的时间已经到了。告诉我，这周你会采取什么不同的行动呢？”

“嗯，首先我会放慢招聘进度，把招聘做好。”我向他保证，“我的目标是精挑细选，让人们以加入我们的团队为荣。我会精心准备每一个问题和理想答案，这样我就会明确地知道我要在应聘者身上发现什么，并尽可能做出客观的评价。

“其次，我会让琳恩和团队的某个超级星参与面试——我会遵从您的‘三三’原则，这样我就会获得足够多的信息来做出最佳决策、雇用到合适的员工。”

“我知道这将是我为团队做出的最重要的决策，”我说，“我会竭尽全力，做出一个理想的选择。”

“你是一个好学生，杰夫，”托尼说，“我能感觉到，你对这次招聘新人加入你的团队的机会怀有很高的热情。千万要记住：要精挑细选！”

“下周见。”

只雇用合适的员工

公司最重要的财富是每一个团队都有合适的员工。

面试中见到的是应聘者最好的行为，加入团队后不会变得更好。

遵循“三三原则”非常重要：三个应聘者、面试三次、三人参与评估。

不应该仅仅为了填补职位空缺而降低标准！否则，以后会付出代价的。

NO.7 热忱拥抱变化

这一次，我非常期待与托尼周一清晨的会谈，我起得比以前早了很多……虽然工作和家庭中一度有那么多让我倍感失败的事情，但现在我感觉好多了。

我把车开进托尼的私家车道时，离会谈开始还有好长一段时间。但是，当我按响门铃后，托尼像往常一样魅力十足地出现在我面前。“早上好，杰夫，情况怎么样？”打开门后，托尼对我说，“招聘工作有进展吗？”

“我想我取得了一些重大进展，托尼。”在我们端着咖啡杯走向书房的时候，我对他说，“琳恩和我面试了竞争 3 个空缺职位的所有 20 名应聘者。这真是件繁重的工作，不过琳恩提供了一套不错的流程，我们已经从 20 个人中挑选了 9 个不错的应聘者。最后一轮面试安排在本周三、周四和周五。下次见面时，我就会选出三位最佳的应聘者了。”

“我还要告诉您——上周我们交谈后，我对招聘过程重视多了。”我坦白道。

“太棒了！”托尼插话道，“招聘过程走捷径常常会让你以后付出沉重的代价。”

然后，他停下来，拿眼睛长时间盯着我。“你知道，你今天早上有点心神不宁。家里还好吧？”

我脸色发白。“我不知道自己原来这么容易被人看穿心思。家里一切都好，谢谢您的关心。不过，工作中出现了一些重大变故。我本来不想说这些的，因为我不想干扰我们的会谈进度。不过，既然您问了，我不妨告诉您。我们公司要进行一些重大的人事调整，坦率地说，我现在对任何变化都感到不安。

“我好不容易让我的团队专注于重要的事情，我害怕变化会扰乱我们良好的发展势头。对于人事调整，我的看法是这样的。一旦安定下来，似乎总有人想，该再做些人事调整了。我说不好到底会有多大的人事调整，但我知道，卡伦要向一位新的高级副总裁汇报，所以，我能肯定，公司从上到下各个层级都会发生变化。

“托尼，我知道您也经历过人事调整，所以我想我们或许可以花些时间讨论一下如何面对人事变化。”

“杰夫，这话题是我的强项。我大部分时间都在为人事调整提供咨询建议，而且这也是我真心喜欢的领域。我自己经历过创业、扩大公司规模、缩小公司规模、重组以及其他一切问题。不管公司的规模大小及所处的行业，公司面临着两个主要的问题，一是如何面对变化，一是如何处理伴随变化而来的沟通问题。我们已就沟通做了充分的讨论，现在或许正好可以讨论一下变化的问题。

“但是，在我分享自己的经历之前，我想先问你几个问题。第一，你如何看待变化？公司的人事变化何以让你感到如此焦虑不安？”

“总体讲，我并不喜欢变化。”我坦承道，“谁喜欢变化呢？我喜欢对运行正常的事情做些微调，而不喜欢为了变化而变化。我感到焦虑不安，或许是因为我会被带入一个未知状态。我不能确定会发生什么，我将为谁工作，我的团队的主要关注点是什么。”

“你描述的压力是非常正常和自然的。”托尼肯定地说道，“虽然我没有你所未知的所有问题的答案，但我深知，成功地应对任何变化，很大程度上取决于你对待变化的态度。”

“看待变化的视角之一是：你将从一个舒适的地方退出来，进入一个全新的地方，这个地方可能成为你及你所在的组织取得新的进步的跳板。”托尼继续说道，并始终注意小心地宽慰我。

“你瞧，我们每次走出一个出口，不管这个出口是与工作有关，还是与个人有关，我们都是在走向另一个新的机会。要想到达职业的下一个层次，唯一的途径是从当前的层次中退出来。这也是人事变化的目的——走出人事现状，进入一个崭新的开始。

“亨利·福特曾经说过，‘一个人最伟大的发现之一、最大的惊喜之一是，发现自己做得了他担心自己做不了的事情。’他说的就是退出舒适区，进入不舒适区——也就是你现在的处境。”

我能感觉到，托尼讲话得心应手。“领导众人经历变化，需要许多勇气。勇气在字典中的定义是：‘直面并解决任何被认为危险、困难、痛苦的事情而不逃避的态度。’勇气似乎就是领导众人经历变化，不是吗？”

“说得太好了。”我回答道，“我从来不曾将变化与勇气联系在一起，不过，我现在看到的正是伴随着我们即将做出的改变而产生的危险、困难和痛苦。”

“说得好！我很高兴你认识到了变化与勇气之间的关联。”托尼答道，“要是没有从熟悉的东西中走出来的勇气，你不可能做出改变。我想，了解变化与恐惧之间的关系也是非常重要的。对于有些人而言，勇气意味着无所畏惧。马克·吐温将勇气定义为‘拒绝恐惧，主宰恐惧——而并非不恐惧’。我们沿着一条道路往前走，也会有恐惧。但是，我们仍然继续前行。

“杰夫，现在请告诉我勇气的对立面是什么？”

“我觉得是‘怯懦’，或者说是恐惧。”

“当然，这两个答案也对，不过我觉得，最确切的答案是顺从。勇气意味着为了进步而有胆量和决心改变做事情的方法。如果采取最简便的方法，或者因循旧有的做法，是不会取得进步的。

“领导人们经历变化，保持关注点不变，即使在你对自己的能力产生怀疑之时也是如此，这需要你具有领导力和勇气。

“你听说过‘唯一不变的是变化’这个说法吗？”

“很久以前听过这个说法，自此以后，我多次思考过这个说法。”我回答道。

“你认为这个说法第一次出现是在什么时候？一年前，两年前，还是30年前？”

“嗯，我拿不准是什么时候。不过我觉得应该是很久以前了。我想，或许是像本杰明·富兰克林这样的人提出了这个说法。”

“事实上，这个说法被认为是赫拉克利特在公元前500年提出来的。也可能不是他说的，或许是他在公元前500年从某个地方的洞穴壁上发现了这个说法。”

“你是否觉得他预见到了今日之商业面临的极速变化？”托尼

自问自答,“他或许没有。不过,差不多两千年前领导人们经历变化,毫无疑问面临着一系列独特的困难和挑战。

“人们——所有的人——生来不同程度地拒绝变化，而且，显而易见，那个历史性人物传递的信息是：退出过去的路径，进入通往未来改进的道路。”

“如果不做出改变，我们能取得进步吗？如果只是心里想改进，改进就会发生吗？显然不能。”托尼指出，“变化像人的呼吸一样自然，不过，许多人似乎更喜欢苟延残喘，而不喜欢拥抱会导致进步的变化。

“变化需要你走出舒适区，尝试不同的东西——步入能取得进步的机会。如果没有变化，我们都会深深陷入以相同的办法完成同样的事情的思维定式之中。我们墨守成规地如此工作，当取得同样的结果时，为何还要感到惊讶呢？墨守成规最后会变成一成不变，为什么？因为墨守成规与一成不变的唯一区别在于因袭陈规的程度不同。”

托尼停下来抿了一口咖啡,之后快步走向厨房,去给咖啡加热。“我确实一直运气不错”，当他把两杯热气腾腾的咖啡放下之后，向我道歉道。他刚在椅子上坐好，就开始问下一个问题。

“你读过《谁动了我的奶酪》这本书吗？”

“是的，我几年前读过，”我回答道，“读的时候还在想自己有些拒绝变化。”

“那是一本不错的小书，我也很喜欢。但是，在这本书问世很久以前，我听说某大学进行过一个老鼠实验，这个实验与人类对变化的反应密切关联。

“实验是这样的：地板上并排放着四根管子——彼此只相隔一英寸。往第二根管子里放入一块奶酪，然后一只老鼠被放了出来。这只老鼠迅速钻进第一根管子里。当发现是根空管子后，老鼠继续向第二根管子爬去。在那里，他发现并吃到了奶酪，这些奶酪满足了它基本的生存需要。老鼠随后回到放它出来的那个地方。

“第二天老鼠走了一样的路线：先去第一根管子，从第二根管子里吃到了奶酪，然后回到自己跑出来的地方。一连几天老鼠都重复相同的路线。

“最后，老鼠意识到先去第一根管子是在浪费时间，便直接去了第二根管子。每一次，老鼠都吃到了奶酪，满足了其生存需求，然后回到放它出来的地方。这一行进路线也持续了几天。

“进行实验的科学家后来做了一处小小调整：将奶酪移至第三根管子。老鼠径直去了每次都能满足其生存需求的第二根管子，但是，那里没有奶酪。你认为老鼠会做出什么样的反应？”

“它要么回到第一根管子，要么回到放它出来的地方。当然这只是我的猜测。”我回答道。

“猜得不错。不过请再猜一次。”托尼坚持道。

“老鼠会去第三根管子寻找奶酪吗？”我这样猜测道，不过，那是我能想到的唯一的替代选择。

“这个选择不错，但老鼠没有选择这么做。相反，它留在过去总能满足其生存需求的第二根管子里，等待着奶酪再次出现。

“如果允许的话，老鼠会一直在第二根管子里等待奶酪出现，而不是对变化做出反应，直到被饿死。这是不是有点像人们面对变化时的反应？‘让我们再等等！’人们会说，我们一直这么做的，而且这样做过去一直有效。”

“我们可以从这个实验中学到两点启示：

“第一，如果情况发生变化——即使你的需求过去一直能够得到满足，并且过去的做法让你感到舒适——请对变化做出反应。你一路走来，见识过许多事物发生了变化，在不断改进。我们告别了

VHS 录像带时代，进入 DVD 时代；我们告别了手动打字机时代，进入电脑时代；我们告别了 CD 时代，进入 iPod 时代；现今我们告别了有线时代，进入了无线时代。”

“所有这些都是积极的变化，”我表示赞同，“它们带来进步，但是，我想，技术方面的变化比人事变化更容易适应。”

“变化不光技术领域有。环顾一下四周。看看你的工作，或者你的家人和朋友。对我来说，传统非常重要，我们的家庭传统尤其如此。但是，当孩子们长大、成家立业后，我们不得不对家庭传统进行一些调整。当我的外孙出生后，我似乎要做更多调整。我不担心变化，但我确实得适应变化。

“如果你等待事情恢复过去的样子，你最终会像老鼠一样饿死，如果不被饿死，也可能会极度痛苦。当情形发生变化时，千万不要坐以待毙——始终都要鼓足勇气，去寻找属于自己的奶酪。”托尼教导说。

“这个道理不错，”我说道，“值得我永生铭记。”

“老鼠实验教给我们的第二个道理是，当你的需求得到满足时，坚持寻找改进的办法。”托尼接着说，“第四根管子里可能有一整管奶酪，但是，老鼠不会知道，因为它的基本需求得到了满足，它对此心满意足。重要的是：顺境之时，坚持寻找更多奶酪。

“有一句话绝对正确：变化不会自行消失。事实上，未来十年即将发生的变化，可能要比过去50年发生的变化还要多，所以要做好充分的准备。你面对变化的反应以及应对变化的领导力，对你及你团队的成功会产生重要的影响。”

现在该轮到我做出回应了。“您的话我听明白了，从理论上讲我也完全赞同。但是，变化对每一个人都很残酷。有的时候，要走出出口并不容易，即使我们即将进入的入口最终可能会让我们变得更好。我想，我想问的是：人们为什么如此难以接受变化？我们为什么就不能接受变化将要发生？为什么不能接受变化可能是通往更好未来的入口？”

“问得好。”托尼说，“这两个问题的答案是一样的：抗拒变化是人类的天性。即使最微不足道的变化——比如吃饭时坐在餐桌不同的位置，或者在基督教堂或犹太教堂做礼拜时坐在不同的座位上——也会遭到人们的抗拒。

“大多数人喜欢稳定和舒适。而变化通常代表着与之相反的东西——不舒适和不稳定，而且，信不信由你，很少有人喜欢进入不舒适、不稳定的区域。问问任何一个试图减肥或戒烟的人就知道了。”

“不管别人怎么看，”托尼接着说，“我认为变化对于进步不可或缺。有人曾说，‘所谓疯狂，就是以一贯的方式做同样的事情，却期待出现不同的结果’。相信我！我们有时都会经历这种疯狂。”

托尼在身旁桌子上的一叠纸中翻找：“哦，原来在这里——这正是我要找的东西。”

“依我的个人经验，我发现人们抗拒变化，主要基于五个方面的原因。”托尼边说边把那张写有如下内容的纸递了过来。

“第一，变化超出了他们的控制——变化代表着未知。变化不是他们创造的，他们也没有要求变化。每当你感觉失去控制的时候，你就会焦虑不安，并开始抗拒变化。这是与生俱来的反应，你把未知转化为已知的速度越快越好。

第二，人们不明白他们何以要变化。由于不了解变化的原因，人们很难放松与旧有的行事方式相联的情感。人们要甘愿摆脱过去，必须先理解变化为何必不可少。即使人们并不赞同变化，但是如果了解了变化发生的原因，他们也会更加迅速地接受变化。

第三，他们依靠旧有的方式取得了成功。在每一个组织中，总有一些人在旧有的条件下表现出色，因而觉得没有改变的必要——

即使变化最终可能让他们更有效率，使他们工作起来更加轻松。所以，你可能会遇上强烈拒绝变化的人及（往好了说）冷漠支持变化的人——这两种人你都必须领导和影响。要领导和影响他们殊非易事。与这些人交谈，认可他们过去的成功，让他们知道他们对你和你的团队多么重要，告诉他们你需要他们的帮助，你需要他们在推动变化的过程中承担起领导者的角色。

第四，他们觉得自己无法成功应对变化。技术变革让他们感到害怕，基于两个原因：其一，人们对自己能够学会新的技术缺乏自信；其二，人们受到了变化的威胁。你的角色是让你的下属建立信心，拓展适应变化的能力。

第五，人们认为他们付出的代价会高于回报。请当心这一点。他们或许认为，变化不值得让他们不舒适。这时，如果他们不了解变化的结果或不喜欢自己亲眼看到的东西，他们就会不惜一切代价阻止变化的发生。

“作为经理，你可以在自己退出过去出口的同时，通过关注可能的入口，帮助团队决定面对变化时的激情。”

“要做到很不容易。”我回答道。

“确实如此。”托尼笑着说，“你有过进入电影院，结果只看

到了影片的最后十分钟——男女主人公携手走向夕阳及幸福的生活——的经历吗？你看到的只是电影的结局。现在，如果你从头观看同一部影片，你的感觉会截然不同，因为你已经知道了最后的结局。你的压力水平降低了，你可以放松下来，尽情品味他们一路经历的种种烦恼，因为你知道，到最后会有一个传奇故事式的结局。

"当你领导人们经历工作中的任何变化时，始终把注意力放在工作结果上。谈论工作的回报，将变化视为对领导能力的挑战。由此，你可能会迎来自己职业生涯的最好时期。"

我点头表示理解。

"嗯，杰夫，会谈结束的时间快要到了。告诉我这一周你有什么打算？"

"首先，谢谢您让我学会从不同的角度看待变化，"我开始说道，"现在我认识到了变化、勇气和进步之间的关系，我将尽力将之告知我的团队。基于我的个人经验，我知道领导人们应对变化是一件压力很大的事情，但是，现在我得将自己的注意力放在最终结果上，并做好进入新时代的准备，如果新时代会到来的话。

"在这过程中，我可能时时遭遇员工的抗拒，但是，作为团队领导者，我的职责是至少领先抗拒者一步。正如赫拉克利特所说，变化是绝对的，所以，我必须拥抱变化，因为如果我停止变化，我就不再进步了。”

托尼脸上现出高兴的神情。“说得太对了——祝你这周好运。我期望下一个周一听你讲述这周你遇到的事情。”

热忱拥抱变化

成功应对变化很大程度上取决于对待变化的态度。

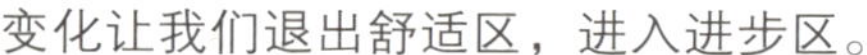

变化让我们退出舒适区，进入进步区。

人们会抗拒变化，对此我们必须予以理解，并帮助他们更加积极地经历变化。

NO.8 效率！效率！

第八个周一，托尼很急切地等待我的到来。“杰夫，我迫不及待要见到你。上周人事变化让你焦虑不安，我希望你挺过来了。”他一边说，一边往杯子里倒咖啡，“人事变化怎么样了？”

“嗯，信不信由你，除了卡伦的上司换了，没有什么别的变化。看起来，新来的高级副总裁在做出任何大举动之前，似乎都会花时间评估一下形势。我得说，这让我松了一口气，不过，当变化真的到来的时候，我会更加充分地做好退出旧模式、进入新模式的准备。”

托尼很快插话道:“我觉得新来的高级副总裁看起来非常明智。我见过太多管理者，他们在不了解情况、还没有在员工中建立起信任之时就进行调整，结果事与愿违。这么说，这是好事一桩。你可以晚些时候退出旧模式，进入新模式。别的方面怎么样？”

“一切都非常顺利，只是招聘工作真是费时间啊！我几乎没有时间去做别的事情。这正是我想向您请教的又一个问题——我怎样才能完成所有的事情呢？”

“虽然在与您会谈期间，我已经取得了长足的进步，不过，我的时间似乎总是被自己控制不了的事情浪费掉了。这真让人沮丧，因为我想花更多时间和团队在一起，和家人在一起。”我解释道。

“杰夫，你刚才的话，听起来跟你第一次会谈时讲得差不多：‘真惨啊！我控制不了自己的时间。’你似乎把个人时间管理问题归咎于你控制不了的事情。那我问问你：除了你之外，谁还能花费你的时间呢？”

“您是不是有点言重了？”我辩解道，“我刚才只是说，我的时间似乎被一些自己控制不了的事情浪费掉了，因而没有时间去完成需要我做、我想做的重要事情。”

“如果我的话听起来过于严厉，我很抱歉。”托尼向我道歉，“我只是尽力想把自己的观点表达清楚。安排时间是你自己的责任，谁也无法代替你承担起这个责任。如果你无法做重要的事情，你是唯一能做出调整来解决这个问题的人。你的团队指望你随时为他们提供帮助，包括解决你个人的时间管理问题。

“首先，你必须控制住局势。压力、焦虑和郁闷的一个重要原因在于，你觉得自己的生活失控了，**你得想出控制自己时间的办法，这样你才能主宰自己的生活。**”

“当然，在有些事情上，我们无法改变我们消耗时间的方式。”托尼坦承道，“我们不得不排队、等红灯、等电梯……对于这些事情，我们无能为力。不过，在工作中，我们可以想出很多办法。”

“杰夫，我研究时间管理很多年了——事实上这是我最喜欢的一大消遣，我发现没有什么办法能轻松解决时间管理问题。”他继续说道，“我从来不曾发现有谁能通过把某件事做得更好，从而一天节省出两三个小时。不过，我见过许多人，他们通过采用不同的做事方式，把一天中的一两个小时更好地利用起来。

托尼的话完全吸引住了我的注意力，因为自从上大学以后，我的时间管理技能——或者说我缺乏时间管理技能——一直是我面临的一大挑战。

“**如果你想更好地利用时间，就得想办法**

一点一点地挤时间——这儿挤一分钟，那儿挤五分钟。把这些零碎的时间加起来，你就有了更多可以从事其他活动的时间。”

“我还发现，工作很少让人操劳过度，”托尼说，“但是，人们时常因为没有安排好时间而让自己疲惫不堪。重要的是，大部分人都无法通过更加努力地工作解决时间问题。做更多错事或更加努力地做错事，于事无补。我们要做的是，想办法缩短完成任务的时间、去掉冗余的环节、把多项任务集合起来进行处理、更加轻松地工作。

“有一点你得记住：没人能创造时间。我们的时间都一样多，我们无法把今天的时间留待明天使用。我们必须牢记这些限制，就如何花费时间进行更加科学的决策。

“关于如何更好地利用时间，我知道的办法只有两种：要么少做事，要么高效率地做事，除此之外没有别的选择。当然有些事我们可以拒绝，根本就不做。但是，就今天的会谈而言，我们唯一的选择是加快工作节奏。那么，怎样才能加快工作节奏呢？这就是本周我们要讨论的话题。”

我草草地记下问题，等待着托尼给出答案。

“每天你必须应对的浪费你时间的因素是什么？”托尼问。

由于缺乏详尽的数据，我只能尽我所能猜想。“我想，对于我来说，浪费我时间的主要因素是他人的干扰。我似乎总是被那些需要信息的人干扰，而我还是唯一能提供信息的人。还有，大量的文件要处理，当然一些会议我不得不参加，这也占去了我许多时间。”

“那么，他人的干扰、文件和会议各浪费了你多大比例的时间呢？”托尼问。

“我说不好，只知道有很多。有时候这三件事情似乎耗去了我一天中的大部分时间。”我尽可能坦诚地回答道。

“你的情况与其他一些忙碌的人感觉相似。”我的良师肯定地说，“一天快要结束的时候，当你回到家中，一天的工作劳累使你筋疲力尽，而你却不知道时间都花在了什么地方。

“所以，首先你要搞清楚的是，你把时间都花在了什么地方：要有详细的数据。如果你想有所改进，更好地管理自己的时间，你得知道从哪里着手，哪些地方需要改进。为了找到答案，我建议你连续两周记录自己的时间安排，这样你就能对

什么地方需要改进做出有根有据的决策。”

“你会发现，我们的时间花费取决于我们做的事情以及做事的方式。跟着我一起思考。”托尼催促道，“我们把时间花在做重要的事情或者错误的事情之上。我们可能把事情做对，也可能把事情做错。

“比如，下面的这张表格表明了我们开会时花费时间的四种方式。”

我们的做事方式

我们做的事情		
	把重要的事情做对 举例：召开有效的、必要的会议	**把重要的事情做错** 举例：一次重要的会议浪费两个小时的时间
	把错误的事情做对 举例：把一次没必要的会议开得很好	**把错误的事情做错** 举例：在一次没必要召开的会议上浪费每个人的时间

“我们所做的每一件事情都可以归入如上的四种选择之一。如果你连续两周记录自己的时间安排，你就会知道自己如何才能做出更好的决策。”托尼指出，“既然你已经明确了部门中的重要事务，我希望你对你的活动进行分类——你做的是重要的事情吗？你做对了吗？

“大多数经理可以在三个方面——与你确认的三个方面相同——做出调整，从而更好地管理自己的时间：区分事情的轻重缓急、减少干扰和有效地管理会议。

“几周以前在为一个演讲做准备时，我制作了一个表单，列出了我发现的在如上三个方面如何管理时间的最佳建议。把笔拿起来准备记录，我会把我知道的最佳的时间管理建议告诉你。关注这些建议，你可以利用它们改变你的生活。”

我拿起铅笔和笔记本，做好了记录的准备。

“让我们先来谈谈区分事情的轻重缓急吧！

“你听说过帕累托法则吗？”托尼问。

“是的，我知道什么是帕累托法则。在我做销售的时候，我被告知，20% 的顾客创造了 80% 的销售量。我的经理说，这就是帕累托法则，也称作 80/20 法则。我说不好为什么叫帕累托法则。”我说。托尼提出的问题，终于有一个我知道答案，我感觉好极了。

“你的销售经理说得对。但是，帕累托法则不仅限于营销领域。19 世纪一位名叫阿尔弗雷德·帕累托的意大利经济学家观察到意大利 20% 的人口控制了全国 80% 的财富，他发现了这一法则。之后他开始观察其他领域，发现许多事情都适用 80/20 法则。当今，人们普遍认为，帕累托法则适用于许多商业领域，比如，你 80%

的业绩来自于你20%的努力，80%的投诉来自于20%的顾客，等等。帕累托法则无疑也适用于时间管理。”

“有些事做好了，可以让你产生比做好其他许多事情更好的结果。”托尼解释道，“知道哪些行为的回报最高，避免做那些回报最少的事情，这是你对自己及团队的职责。如果你能把自己的时间和精力都集中在最重要的任务之上，并完成了这些任务，你就成功了。如果你把时间都花在无关紧要的事情之上，工作半途而废，或者从不完成任务，你是不可能成功的。”

“杰夫，我要让你做一个有趣的小测试。”托尼变换了语调，说道，“我们假设今天你要完成五项任务。根据帕累托法则，其中的一项任务会产生80%的结果。你认为一般人会先完成哪一项任务？”

“我当然先完成会产生最大结果的那一项。”我说，“为什么不呢？”

“答得好，杰夫！但是，大多数人拖延完成的可能恰恰是最重要的任务——这或许是因为最重要的任务最难完成。他们一直忙于其他任务，而不去做最重要的任务，最终，他们最重要的任务完成得很少。如果你言行一致——先完成产生80%结果的任务——我怀疑我们还要不要就时间管理进行讨论。”

“您把我给弄糊涂了。”我坦承。

托尼接着说，“时间管理始于区分事情的轻重缓急。选择某个特定时间里最重要的任务，并且又快又好地完成。许多人不去完成任务，而是在那里为不得不完成的任务感到焦虑不安。什么时候都要问问自己眼下最重要的任务是什么，并立即着手去做。先开始着手完成重要的任务，会消除你的压力，有助于你对自己及一天余下的时间产生良好的感觉。

“对我来说，最重要的活动之一，是每天留出一段不受干扰的时间来做计划。”托尼说，“对于我来说，每天坚持这样做并不容易，不过我发现，用 20 分钟不受干扰的时间来做计划，其效果与 60 分钟总是受到打扰的时间相同。如果你拿不出 20 分钟不受干扰的时间做计划，10 分钟也可以。在 10 分钟不受干扰的时间里，你仍会得到丰厚的投资回报。”

“你只管关上门，想想要做些什么，先做什么后做什么，这对于你明确一天要集中精力解决的事情，会有很大的帮助。”他建议道。

“听起来很有道理，但是，如果现在我连所有的任务都无法完成，我怎么才能留出不受干扰的时间来做计划呢？”我问道。

“我觉得这个问题问得不错，杰夫。不过，在我看来这个问题没什么道理。如果你花 10 分钟做计划，能够产生 30 分钟的生产效率，这难道还不值得吗？实际上，你永远没有足够的时间完成你必须做的每一件事情，所以你必须清楚地知道哪些是你不得不完成的要事。”

“要知道，只有留出一些不受干扰的时间来思考需要完成哪些任务，然后你才能着手行动。不妨尝试一下。你会发现，你将立即获得回报。”托尼向我保证。

“现在我们来说说文件的问题。和很多人一样，你可能认为只有你一个人才会受到文件的困扰。我的解决办法是这样的：有些文件很重要，处理这些文件会被认为是要事。而其他文件可以扔在一边不管，而且没有人知道会有什么影响。经理们必须想方设法把重要的文件又快又好地处理完，因为文件会妨碍我们做重要的事情。

“我认识的每一个时间管理大师都会告诉你只接触文件一次。事实上，我认为，控制文件的关键是让文件动起来：将文件扔掉，遵照文件行事，或者将之存档。对文件进行处理，而不是来来回回地翻文件。不管什么情形都只允许接触文件一次，这或许不尽合理，不过请你记住——只是在文件堆中来来回回地翻文件，却不做任何评价，也不采取任何行动，无异于浪费时间。”

“许多你不得不处理的文件根本没有必要，这会让你大吃一惊吗？”托尼问。

我肯定地点点头。

“那好。我建议你检查一下放进文件柜中的每一份报告，这些报告真的有必要看吗？如果没必要，那就扔了它。如果你只需要报告中的某一行资料，那就让写报告的人把那一行送来就可以了。”

“还有一件事，杰夫。如果我现在进入你的办公室，我会在你的桌子表面看到什么？”托尼问。

“让我想想。星期六早晨过后，我就没有再进过我的办公室，但是我想桌面上会堆着几份文件。你或许可以用乱七八糟来描述我现在桌面上的情形。”

“今天你回到办公室后，第一件事就是清理办公桌的桌面。我想你应该总能看清自己桌子表面的大部分东西。不要骗自己说桌面上堆满东西会让你觉得自己看起来像个重要人物。恰恰相反，混乱不堪的办公桌会让人觉得你没有条理，你因此不得不在桌面上翻来覆去地找东西。这样还会增加你的压力水平。最起码，每天结束的时候，你的桌面应该干干净净。”

我点头表示赞同，并为自己回到单位将要走进的房间里的情形感到有些尴尬。

“另一个让你条理化的建议是批处理——把相同的事情放在一起处理——这样你就不必整天忙于开始和结束。一次把所有的语音邮件都处理完，把所有的电话一次都回完，把备忘录和信件一口气写完。”托尼说。

“几乎每个人都需要对电子邮件进行批处理。你可以在一天之中分几次集中处理电子邮件，从而控制发送和回复电子邮件的次数，而不是整天忙于处理电子邮件。我希望你不要像有些人那样，每隔10分钟就查看一下有没有新的电子邮件。我每天都会收到很多电子邮件。事实上，我可以整天坐在电脑前，只是为了回复电子邮件。不要误解了我的意思。我相信电子邮件是我们能够拥有的最好的工具之一。不过，我将处理电子邮件纳入我的个人日程表中，这样，电子邮件就不会控制我的生活。毕竟，你不会每隔10分钟就上一趟邮局，是不是这样？

“接下来我要再教给你几条电子邮件管理的建议。第一，将垃圾邮件和对你的业务无关紧要的邮件之外的其他邮件存起来，将它们存入电脑之外的硬盘上，以备你日后检索。第二，始终清空你的收件箱。收到邮件后，对邮件进行归档、删除，或者依邮件要求采取行动。千万别让新的电子邮件积压在收件箱中。当你打开电子邮箱，发现有大量邮件未处理，这会增加你的压力，让你感受到不必要的挫败感。”

托尼继续说道。“让我再问你一个问题。你多长时间给卡伦或你的下属打一次电话？”

“在多数情况下，当有事的时候，我会立即给他们打电话，及时把事情处理掉。您似乎会对我的做法感到满意吧，是吗？”我回答道，心中暗忖我终于有效地完成了一件事情。

“是的，在紧急的情况之下，立即打电话是对的，而且你们的所有回应也许都很紧急。但是，如果你为卡伦和你的下属创建一个‘谈话’文档，你或许可以不去干扰他们。如果不是真正紧急的情况，你可以等到谈话文档中至少有了两件事情要与他们交谈的时候，再给他们打电话，一次问完这两个问题。这会为你及你的通话对象节省一半的时间。

“批处理的关键是尽可能减少从一件事转换到另一件事的次数。我向你保证，如果你集中处理事情，每天可以节约 10 分钟或者 20 分钟的时间。”

“好了，让我们讨论下一个话题。你通常什么时候离开办公室去吃午饭？”托尼问道。

“我力争 12 点前后去吃午饭。这样的话，我能见到大多数团队成员，和他们一起共同进餐。”

“你和团队成员一同进餐，这很好。但是，我有一个简单的建议，可以帮你每日节省 10 分钟，甚至 15 分钟的时间。为什么每个人都要选择在中午 12 点去吃午餐？这在我看来是一个谜。”托尼边说边挠脑袋，“他们等在电梯门口，在熟食店前排队，吃完后再次在电梯门口排队等候返回，然后抱怨午餐时间不够。给你的团队成员提出同样的建议，你仍然可以和他们一同进餐，而且你们团队的每一个人都可以节省10分钟或者15分钟的时间。”

我将托尼的话在笔记本上记下来，这真是一个不错的建议。

“下面我们来谈谈时间管理的另一个重要方面——干扰。你的大部分干扰来自哪里？”

“我想，大多数干扰来自顾客，之后是电话、我的下属，还有卡伦。”我说。我没有详细数据来支持我的假设，所以希望托尼不要刨根问底。

“说得不错！”他说道，这让我松了一口气，“大部分人都不知道谁在干扰他们，或是不知道别人为什么干扰他们。你似乎知道干扰你的是谁。不过，请你连续一周左右记录是谁在干扰你，他们为什么要干扰你，之后你就可以就如何解决此问题做出有根有据的决策。当然，被顾客干扰是工作中必不可少的，不过，你可能发现，你还面临着其他一些持续干扰你的人，这些干扰是有办法解决的。

“从我的个人经验看，我发现，即使你没法阻止别人的干扰，你也可以缩短被干扰的时间。尽量缩短你打电话的时间，让你的通话直入正题。

“如果有人来你办公室，干扰了你正在处理的事情，我发现，一般来说，干扰的时间直接与干扰者的舒适程度成正比。缩短干扰的秘

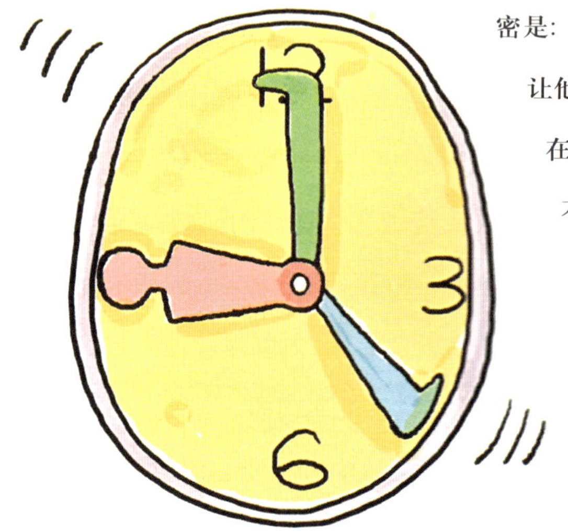

密是：不要让干扰者坐下来，不要让他在你的办公室里感到舒适自在。当他进入你的办公室时，不妨站起身来。你可以在他还没有落座之前，礼节性地站起来，然后再坐下。"

这个建设触及了我的痛处。"太有意思了。我知道您说的是对的，因为当有人突然走进我的办公室时，我有时会站起身来。我的办公桌正对着门，许多人会径直走进来，也不管我手头上正在忙些什么。"

"你可能想让办公桌背对着门，"托尼建议道，"你办公室家具的陈设会招致干扰，浪费掉你的时间。如果我是你，我会重新摆放办公家具，这样，我的办公桌就不会面对门外来来往往的人。如果你眼睛盯着在门厅里走动的每一个人，他们就会觉得如果不和你打声招呼，显得自己很不礼貌，你就会在不知不觉中浪费掉大把的时间。

"另一个不错的管理实践是每月至少安排一次与下属及上司的一对一会谈。想好要与对方交谈的所有事情，一次把这些事情谈完，而不要一有什么事就去打扰别人。这样做也会强迫你定期与人交流，有助于你消除眼下正面临的与卡伦之间出现的一些问题。

“最后，你或许想问问下属‘我做的哪些事情浪费了你们的时间，妨碍了你们的工作？’他们的有些建议也许会让你大吃一惊，并能节省你和团队成员的宝贵时间。

“在结束本次讨论前，现在让我们讨论一下会议，这是我所知道的最浪费时间的因素。在你的员工调查中，有几个员工都提及，他们认为你召集的会议效率不高。如果情况属实，你的情况也并非孤例。

“杰夫，我当年参加过无数会议，我发现，如果每个与会者都做了精心准备，都准时参会，并且集中注意力，大多数会议的时间可以比现在缩短一半。平均每个人每年浪费在毫无效果的会议上的时间达250小时左右。这统计数据真够吓人的！有太多的时间和金钱就这样被浪费掉了！

“以下的事实同样让人吃惊。会议很昂贵，会议费用或许是收益表中没有明细支出项目的最大花销。好好想想吧。一个12名管理人员参加的一小时会议，会花费5 000美元甚至更多。让你的会议更加富有成效、更加简短吧！

“关于如何提高会议效率，你的下属会给你一些很好的建议，我也想听一听。让他们承担起改进你的会议的责任。但是，因为今天上午他们不在这里，下面，我给你一些提高会议效率的建议吧：

“第一，不要染上‘定期会议’综合征——你召集会议，仅仅是因为会议要定期召开。要确保每次会议都有召开的绝对必要。例会不是一种回报丰厚的投资，除非它有助于你们实现目标。记住：要事为先。

“每次开会，总是先讨论最重要的议题，这样才能确保不会遗漏必须讨论的议题，而且在讨论重要议题的时候不至于太过匆匆忙忙。先讨论议程中最重要的议题，最后讨论最无关紧要的议题。如果你开一次会花费上千美元，却只讨论了一个值100美元的议题，这或许不是一项划算的投资。把主要力量放在重要的事情之上，然后再去讨论议程中的其他议题。”

我想立即吸收托尼的这一建议。我的下属在最近的这次员工调查中指出的我的缺点和问题仍让他们感到有些痛苦，我真的想有所改进。

托尼又提出了一个问题：“告诉我，如果你召集一个会议，有人迟到了十分钟，会发生什么样的情况？如果是你的一个中层星凯文迟到了会怎么样？你会怎么处理？”

“凯文真的很少迟到，如果是他迟到了，我会等他，把会议往后推迟十分钟开始。如果会议已经开始，我会把已经讨论过的内容重新过一遍，尽我所能让他跟上会议的进度。”我回答道。

托尼很快插话进来。“大多数人都是这么做的，对超级星和中层星尤其如此。当心你这样的做法，因为你这样做，实际上是在向准时参会的员工传递如下的信息：他们没有凯文重要。

“我的建议是会议准时开始，如果有人迟到，要抵制住重述之前会议内容的诱惑。当你重述时，你实际上是在奖励迟到的员工，惩罚准时参会的员工。对于那些参会晚到的员工，应该追究他们的责任。你应该把会议周密计划好，开得富有效率，以示对准时参会员工的奖励。

“也许最简单、回报最高的时间管理建议是准时开会、准时结束。过了预定的时间才开始开会是一种既失礼又糟糕的投资。如果有十个人参加会议，会议晚开始三分钟，就会浪费三十分钟的生产力。要好好地考虑一下啊！如果你定于三点结束会议，到了三点零一分，所有人就会开始看表，心里琢磨着会议还要持续多久。可以肯定，当预定结束的时间过了以后，你的会议就没什么成效了。

“另一个浪费会议时间的因素是，在已经做出决策之后，允许某些人继续‘贩卖’其观点。有些人喜欢打不可能赢的战争，千万别上他们的当。为每个议题设定时间限制，继续往下讨论。”

“午餐会议怎么样？”托尼问。

“我很少召集自己的下属开午餐会议，但我经常被要求参加午餐会议。”我坦承道，“当我看到会议议程时，我总是先看看午餐会都安排了谁来陈述，从中我可以知道哪个陈述最不重要。”

“你说得太对了。”托尼表示赞同，“在午餐会上陈述的人不会引起太多关注。我的一般原则是这样：‘从不边吃饭边开会！’你要么吃饭，要么开会，但是你不可能同时把两件事情都做好。如果陈述值得人们花时间，人们应该重视陈述，而不是重视沙拉或者他们吃进嘴里的任何别的东西。不管怎么说，利用 30 分钟的午餐时间休息一下，这对每个人都有好处。

“如果午餐过后你要继续开会，午餐不要提供火鸡。火鸡中含有天然镇静剂等化学物质。当每个人必须努力集中注意力开会的时候，你们是不需要这种物质的。

“我想谈论的最后一个问题是你的个人时间。我见过许多管理人员身心俱疲，因为他们试图完成某项不可能完成的任务——把每件事情都做完。

“毫无疑问，你需要留一些时间给自己，给你的家人。早点上床睡觉，努力工作，但是，每周至少得给自己放一整天假，尽情享受你拖了很久的假期。就像计算机一样，有的时候，每一个人都需要重新启动。”

“时间管理的悖论在于，”托尼说，“你休假的时间越长，越有精神去完成那些重要的事情。你的能量水平会更高，你的态度会更好，你周围的人也会更加富有效率。”

“你有权选择每天如何度过，”托尼接着说道，“你拥有完成你想完成的事情所需要的时间和资源。其他人无法为你‘创造’完成重要事务的时间，你得自己下决心‘创造’时间。”

“这些只是帮助你更好利用时间的几种办法，类似的方法还有很多。”托尼说，“我建议你抽时间阅读一本时间管理方面的书籍，看看每天在哪些方面还可以节省出一些额外的时间。

“谈到时间，这周会谈结束的时间又到了，”在谈完自己的建议后，托尼说，“那你这周会怎么做呢？”

“嗯，我要完成雇用员工的工作，”我回答道，“这是这周工作的重中之重。在您讲话的时候，我在心里对我召集的会议做了番自我检查，我知道我可以做得更好，为团队和自己节省出一些额外的时间。我还要记录谁会干扰我，以及我干扰他人的次数。如果我是下属的头号干扰者的话，我会感到愧疚的。我还要去买一本时间管理方面的书籍，寻求其他帮助我控制时间、控制生活的办法。”

“太好了，杰夫！”托尼热情的回应坚定了我的决心，“试试其中的某些方法，我相信你会为自己和家人挤出更多时间的。”

“下周见！”

效率！效率！

控制时间是我自己的责任。我需要控制自己的时间，这样就可以控制自己的生活了。

我有必要把自己召集的会议的时间压缩一半。

我要连续两个星期记录自己的时间用在了什么地方，这样，我就能更好地决定哪些事不做，或者把该做的事情做得更有效率。

我会区分事情的轻重缓急、减少干扰和有效地管理会议，为自己挤出一点一点的时间。

把桶装满的艺术

早晨八点半，我迅速赶到托尼家。托尼在门口迎接我。

“杰夫，今天好吗？上一周的情况怎么样？”他边问边把我带进书房，“填补职位空缺的工作有什么进展吗？时间管理怎么样？知道该在哪些方面更好地利用你的时间了吗？当然，我还想听听你团队现在的状况。”

我整个周末都在期待着今天清晨的会谈。“上周的情况比以前好多了。琳恩和我完成了面试，并向三名最佳应聘者发出了入职邀请。”我说。

“有两位接受了邀请，将在几周之内报到上班。还有一位拒绝了，决定留在现在就职的公司里。我打算把这份工作交给下一位最佳的应聘者。不过，马克（参与了面试的一位超级星）认为，下一个最佳应聘者不太适合我们团队，所以他建议我们继续寻找更加合格的人选。

“您说过要精挑细选，永远都不要降低标准，所以我让琳恩重新开始寻找合适的人选来填补最后一个职位空缺。是的，新来的两个下属让我非常兴奋。

“您教给我的几项时间管理建议，我也进行了尝试。我对自己的时间花费做了记录，发现有许多时间都用在了无关紧要的事情上。我同时发现，有个部门同事一天至少干扰了我六次。我给她看了我们每天交谈次数的记录，她都不敢相信自己给我打电话竟有这么频繁。

“在我们都发现这个问题后，我们约定每天只在上午十点和下午三点交流。我猜您会把这种做法称为‘批处理’。

“我还把每周部门例会的时间砍掉了一半。我们以前总是开满一个小时，不管需不需要。这周，我说我们讨论问题要快一点儿，这样 30 分钟就能结束会议。嗯，您知道吗？我们做到了。我们从最重要的事情开始谈起，结果 30 分钟内就把所有的事项都讨论完了。

“这样，那天就给每一个团队成员节省了 30 分钟的时间，我们用这些时间做了一个没人干扰的计划。

“我们想验证一下您的理论——在30分钟不受干扰的时间里，可以完成通常需要90分钟才能完成的工作。我想，我不应该对结果感到惊讶，您的理论是切实可行的。有些爱说风凉话的下属不相信我们在30分钟的时间里完成了通常需要90分钟才能完成的工作，不过每个人都觉得，在这30分钟的时间里，我们的工作效率至少翻了一番。这真是件好事——对于每个人来说都是这样。

“您看，托尼，上周我真的是在按照您的建议行事，您的建议真是太好了！我觉得自己现在对时间的掌控更加自如了，但要完全掌控住自己的时间，还有很长的路要走。我还买了一本讲时间管理的书，一有时间就阅读。”

“那你现在可以终于可以眉开眼笑了吧？”托尼笑着说道，“不过，说实在话，你上周的选择不错，而且听起来新员工似乎很有才干，很乐意加入你的团队。你在如何利用时间方面也做了一些更好的选择。干得不错！”

“如果我是你，我会去接触查德和珍妮，看看他们对最后一个职位空缺是否有兴趣。”他说，“你知道他们两个都是超级星，会与团队和谐相处。毫无疑问，要把他们请回来，你得抛开自己的面子，不过我觉得这主意不错。你或许会发现，他们中有一人愿意回到团队中来。

“现在，我想让你打开笔记本，查看一下你与查德和珍妮的谈话记录。他们提到希望你做三件事，是哪三件事情来着？”

“嗯，让我看看。”我一边说，一边快速翻到笔记本的前几页，“查德和珍妮说，他们希望我雇用优秀的员工；指导每一个团队成员，让他们变得更加优秀，解雇不完成分内之责的员工。您问的是这些吗？”

“是的，”托尼回答道，“‘我们’在这几个方面进展如何？”

“我想在雇用优秀员工方面我已经取得了很大的进展。”我回答道，“托尼，您真是指导有方啊，现在我对员工都是精挑细选。人力资源部门的琳恩在整个招聘过程中也给了我强有力的支持。对于即将新加入团队的两名员工，我真的感觉不错。

“在指导每一个团队成员，让他们变得更加优秀方面，我已经取得了一些进展。我现在更加关注超级星和中层星了，但我得承认，我以前一直对指导优秀员工重视不够。

“当然，我必须解雇托德。让人惊讶的是，我过去一直认为他是个超级星，直到我发现其他团队成员在为他掩饰过错。我想这恰好说明，我把太多时间花在管理黑洞中了。

“不过，在把更多员工解雇之前，我需要更好地明确自己的期望，并确保员工获得足够的培训机会。通过整个解雇过程，我发现自己过去对员工的工作评估没有真实地反映员工的表现，所以，在解雇员工方面，我可能还有许多事情要做。”

“好了，杰夫，至少在解决查德和珍妮提出的三件事情上面，你似乎已经取得了一些进展。表现不错！”我的良师鼓励道。

“今天接下来的时间里，我想重点谈谈你该如何指导每一位团队成员，好让他们变得更加优秀。我并不打算谈论工作表现提升的问题，我要谈谈如何表扬员工，如何与每一位团队成员交流。

“几个星期前，我们讨论了‘管理黑洞’，以及我们有时何以会陷入管理事务中，而忽视了团队的重要事务，还记得吗？

“不管你的头衔或职位如何，如下的两个事实你应该始终牢记：

“**1. 领导者的成功是团队共同努力的结果**。如果团队不成功，你也不可能取得成功。团队需要你，你非常重要，但是，团队的努力给你带来的回报，多于你自己的努力给你的回报。

“**2. 你对团队的需要胜于团队对你的需要**。

“不要误会了我的意思，杰夫。你与员工都相互需要，但是，17 位团队成员的贡献加在一起，比你一个人的贡献要大得多。”

托尼喜欢开门见山、直入正题，有时候超越了我的自尊所能忍受的程度。

“为了说明我的观点，请你回答我几个问题。第一，今天上午我们俩在一起的这段时间里，他们会完成多少比例的工作任务？”

和往常一样，托尼的问题总是直击要害。“嗯，我想，或者说我希望，员工们已经完成了大约 95% 的工作，虽然我不在公司。”我结结巴巴地说道。

“好的，我同意——95% 或许是个准确的比例。有些员工可能会说是 105%——因为他们认为当你不在的时候，他们会完成得更多——可能是这样，也可能不是这样，不过，我们不妨以你说的 95% 为例。

“现在，设想你的 17 位员工与我在一起，而只把你一个人留在办公室里，你这段时间能完成多少比例的工作呢？”托尼问。

“不会很多！我或许只能完成 10% 左右的工作。”我老老实实地回答。

“你的下属会完成 95% 的工作，而你只能完成 10% 的工作，那么谁更需要谁呢？毫无疑问你们相互需要，但是永远都不要忘了：你的职责是帮助团队成员更加胜任他们选择从事的工作。他们把生命的一部分托付给你，你有责任帮助他们在个人和职业方面获得成长。这意味着你必须尽你所能，帮助他们成为最出色的自己！

“不妨来打个比方：每个人都有一桶动力。桶可能是满的，也

可能是空的，迫切需要装满。有的时候，桶上有漏洞——桶里的动力流失的速度，和你装桶的速度一样快。”

“每个人还有一把勺子。”托尼继续说道，“事实上，有些人的勺子又大又长，他们总喜欢把自己的勺子伸进别人的桶里。这些又大又长的勺子代表着讥诮、消极、迷惑、压力、怀疑、恐惧、焦虑及其他能消耗他人欲望和动力的情绪。

“**作为领导者，你的职责是让每个人的桶都装得满满的**。你是主要的装桶人。装桶的最佳办法是良好的沟通和鼓励。事实上，如果要让下属的动力桶装得满满的，你必须做好如下四件事。

“**第一，要保持桶的充盈，你必须明白，知道什么是要事对于做好工作非常重要**。以前我们讨论过这个问题，你和你的团队已经确定了部门的要事是什么。但是，如果员工不知道何为要事的话，他们的动力桶就会发生泄漏，就像满是枪眼的水桶一样。有目标的专注的领导者会把员工的桶填满。制造迷惑和矛盾的领导者，手中有一把又大又长的勺子，会把他人桶中的动力舀光。

“**第二，要保持桶的充盈，你得向提桶人反馈意见，让他们知道他们做得怎样**。你或许认为，赞扬员工的工作表现，可以把他们的桶装满，事实并非如此。赞扬员工的表现可能在短期内把桶装满，但过不了几天，桶上就会出现漏洞。不要误会了我的意思——表现评估对于记录员工的工作表现非常重要，也很有必要，但这并不能为员工提供持久的动力。

“员工总是希望知道自己的表现如何，而不单单限于表现评估的时候。给你个忠告：你可能有良好的初衷，想把员工的桶装满，但是如果不遵从为员工提供有效反馈的原则，你可能会把他们桶里的动力舀空。如何为员工提供有效反馈，以下是几条有用的原则：

“一、反馈要诚挚。如果你提出反馈意见时不诚挚，员工会把你看得一清二楚。虚情假意的反馈是舀空他人桶中动力的一把大勺子。如果员工认为你的反馈不诚挚，积极的反馈也会产生反作用。多数员工善于或者自认为善于识别经理的反馈是否诚挚。假装为员工提供积极的反馈是非常危险的。反馈要诚挚，否则，等到你能诚挚反馈的时候再给员工以反馈。”

“二、反馈要具体。如果你的赞扬不具体，桶也不会满。为什么？因为提桶者猜测你的意图时禁不住会搔头，这样桶就会出现倾斜。”托尼打趣了一下自己的幽默,然后继续阐述他的观点,“如果你只是告诉员工‘项目报告做得不错’,这当然可以,但是,你想让员工重复什么样的行为?具体点说,哪方面‘做得不错’?相反,如果你告诉他们,‘谢谢你做了一个这么详细、出色的项目报告;我特别喜欢你对下周的行动方案的概括’,你就装满了他们的桶,并告诉他们哪些对你尤其重要。‘我尤其喜欢’这几个词特别适合用于你的某个具体反馈的起首。

“三、反馈要及时。在你试图强化的行为发生之后,你越早给出反馈,效果越好。你等待装桶的时间过长,他人就会把勺子伸入桶中。这样,你要把桶装满,就得付出加倍的努力。

“四、反馈意见必须与接收者的价值观相一致。不要试图用对你很重要、对他人不重要的东西来装满他人的桶。

“我是若干年前才明白这一点的。当时,我把自己的几张30码线位置的橄榄球冠军赛的球票给了我的一位超级星,作为对他的奖励。这些球票对我很重要,真的很重要。但是,比赛的时间与亨特利和金的婚礼在同一天。我显然不会错过婚礼!后来,我把球票给了我的一位超级星肖恩·加纳。

“我当时没有意识到,肖恩不是一个橄榄球迷。在我看来不可思议的是,他甚至不知道比赛的安排。他去了比赛现场,但是对他没什么意义。后来我发现，他是一个电影迷，如果给他几张电影首映式的票，他会更加高兴。这样，我的花费会少很多，他会觉得更有乐趣。

“我从中获得了什么样的启示呢？是不是装桶，提桶者说了算，装桶人说了不算。用对他们重要的东西而不是对你重要的东西来装满他们的桶。

“**第三，要保持桶的充盈，你得让下属知道你很在意他们，很关心他们的工作。受到赏识是人们的基本需要之一。**

“有个同龄人曾告诉我，大多数情况下，妨碍人们到达目标的不是前面的高山，而是鞋子里的小沙粒。许多时候，员工们的小沙粒就是缺乏领导者的关注。有些领导者过于关注大事，从而忘了做些基本的事情，比如，花时间向自己的员工表明自己真心在意他们。向员工表明你在意他们，并不需要花费金钱或很多时间，它要求的只是你的关注。

“表达你对员工的关心，从而填满员工之桶的办法有很多。毫无疑问，薪水在一定程度上可以填满他们的桶。但是，如果你只在发薪日装桶，桶很快就会干涸。找到对你的团队成员最有效的装桶办法，并经常运用这些办法装满员工们的桶。

“你可以通过以下途径，向团队成员表明你很在意他们——这

些途径对于我认识的其他装桶人，似乎非常有效。

- 让员工参与重要决策。
- 倾听他们的意见——他们经常能想出最好的办法。
- 牢记提桶者及其家人的情况。
- 大多数人喜欢与人分享自己家庭的周末活动。你不妨做一个好听众，让他们自己填满自己的桶。
- 为员工冲咖啡。冲咖啡是件轻而易举的事，能让员工心生感激——这是一种把桶轻松装满的方法。
- 将感谢信送到员工家中。人们在家中一般只接收到账单和垃圾邮件。一封正面的表扬信对于把桶装满大有帮助。
- 给提桶者送一张感恩卡片。你的成功有赖于他们——工作中还有谁更值得你感谢呢?
- 让超级星做中层星和流星的良师益友——如果他们感兴趣的话。这是种双赢策略——每个人的桶都会装满。
- 放一台照相机在办公室，记录下公司里重要的装桶事宜。
- 在公司里种一棵树，以示对团队的敬意。
- 建一个存有书籍、录像带和杂志的图书馆，时时整理更新，这样员工就可以自己装桶了。

● 用员工及其家人的照片做一面‘荣誉墙’。

● 遵守装桶的黄金规则：以员工期望的方式来对待他们。

● 与团队员工共度时光。有时，只是站在员工身旁，向他们表明你关心他们，就会自动把他们的桶装满。

“第四，也是最后一条，知道团队的工作进展怎么样。每个人都想成为成功团队的一员，要确保员工始终清楚团队是否正在接近目标。

“如果你满足了装桶的四个要求——知道要事是什么、对员工的表现给予反馈、员工工作出色时给予表扬、交流团队的工作进展——你的员工就会向你询问，他们能做些什么，好帮你把桶装满。事实就是这样：你装的桶越多，你自己的桶就越满。”

“你能为自己及他人做的最好的事情是，让他们振作起来，为他们提供帮助，从而给他们以鼓励。”托尼解释说，“给别人泼冷水很简单——或许也很自然。这个世界充满了让人泄气的事情，所以，不需要有人继续泼冷水。相反，把鼓励他人视为自己的使命。一个鼓励他人的人，自己的桶永远不会干涸。”

托尼瞥了一眼手表，“嗯，结束的时间又到了。”他说。他总是准时结束会谈。“在你离开之前，告诉我，本周你打算怎么做呢？”

“我打算做几件事。”我边说边快速翻动笔记本，“第一，我要给珍妮和查德打电话，看看他们两个中是否有人对重返团队感兴趣。我要给他们讲我为了成为一个更出色的领导者正在发生及将要发生的变化。

“我非常喜欢您的装桶比喻，事实上，我准备将之在团队成员中共同分享。如果我们都让自己的勺子远离他人的桶，我想我们都将更加动力十足，更加富有效率，更加快乐幸福。为了好玩，我甚至可能给他们人手一只桶、一把勺子，好把这个比喻讲得清楚明白。”我说。

“计划不错，杰夫，并预祝你成功请回珍妮和查德。但愿你一帆风顺。到今天为止的九次会谈对我都是难得的经历。”

“对您？”我吃惊地问，“这些会谈对我来说太不可思议了。您让我的职业生涯有了不小的起色。而且我能预见到还会有好事发生，因为您不惜花时间听我倾诉，反复强调您的思想，指导我改进提高。我太谢谢您了。”

托尼笑着说，“嗯，这些会谈对我也很有意义。现在，我们只剩下最后一次会谈了。下次会谈的时候，我想谈谈你，探讨一下你该如何做才能实现自己的人生目标。下周，我们要讨论如何战胜逆境——在人生路上，我们都得面对逆境，我想和你分享一下我在这方面的经验——之后，我们将探讨你的人生遗产问题，结束我们的整个周一会谈。

“同时，祝你本周愉快。我期待着下周一与你会面。”

把桶装满的艺术

装桶的四种方法：知道要事是什么，对员工的表现进行反馈，表扬员工，交流对团队的评价。

装的桶越多，自己的桶就越满。

必须关注对团队成员重要的事情，并给予他们适当的奖励。

NO.10 进入遗产地带

“欢迎，杰夫，今天你就要毕业啦。”我们握完手，径直向书房走去，托尼的脸上满是笑容。

“上回参加你的大学毕业典礼时，我告诉你学习才刚刚开始，这个说法现在仍然适用，即使现在的你已经有了丰富的阅历。说实在的，我从与你的会谈中学到的东西或许比你还要多。多谢你让我与你一起共度这些周一时光。”

“且慢！不要谢我，”我表示反对，“您花费了这么多时间，还把知识传授给我！”

我能感觉到，我的赞美之词让托尼感觉有些不自在。

“好啦好啦，别啰里啰唆的了，”他边说边示意我跟着他来到厨房，“在你告诉我你上周的工作进展之前，我有几件事要说，是很不寻常的事情。”他微笑道。

“首先，我想说说你。几个星期前你打电话给我，这是需要勇气的。要是没到山穷水尽的地步，你是不可能给我打电话的。但是，你还是鼓足勇气和我通了电话。我理解你当时那种走投无路的感觉。

“我以前也有过那样的处境，并出人意料地给一位老朋友打了类似的电话。如果你没有勇气给我打电话，现在的你很可能除了挫折感更深以外，什么也没有改变。不管怎么说，我很高兴你给我打了电话。

“我觉得在过去十个星期里，我对你已经非常了解，但是我还不认识你的家人。”托尼一边说，一边给我们斟满咖啡，和我再次走向书房，“如果你有兴趣，我想近期请你的家人吃饭。”

“那太好了。我们月底前把这事给办了吧。”我建议道。

“就这么定了。”他边说边在舒适的书房里找了个位置坐下来。“现在告诉我，上周的情况怎么样？”

“最好的消息是珍妮已经回到了公司。”我说，“我把我领导方式的改变向她做了说明。之后，我想她给团队里的几个朋友打了电话，看我的所作所为是否真的像我跟她说的那样——并确认我的领导方式是否有了很大的改变。她周三时打电话给我，说她真的想重新回到团队，所以两周后她就可以复工，我觉得这真是一件大喜事。”

托尼点点头表示同意:“好消息。”

“新员工表现很出色。”我继续说道,“他们精力充沛,富有热情,开始感染其他团队成员——包括我。我们花费时间和精力精心挑选员工，雇用合适的人选加入我们的团队，还是很值得的。

“还记得您给我讲的桶和勺子的比方吗?我把这个比方讲给员工们听，然后我们集思广益，提出了我们自己的装桶原则，并一同讨论当有人将勺子伸向我们的桶里时我们该如何应对。这种练习不仅好玩，而且很能说明问题。上一周当有人发表消极言论或说风凉话时，我好几次听到员工们说:‘别把勺子伸进我的桶里!’

“上周的情况就是这样。我们现在非常专注，一切都开始变得异常顺利。”

“杰夫，进展真大呀!”托尼评论道，“还记得我说过我们最后一次会谈要谈谈你吗?”托尼的语调恢复了严肃，“我们花了九周的时间，探讨你的团队、你的领导风格，以及如何从他人那里获得好的结果。现在我们来谈谈你如何才能达到自己设定的目标。”

我的注意力非常集中，特别想听听托尼接下来会说些什么。

“还记得第一次会谈时你当时的心情吗?”托尼开始说道,“我能感觉到你当时忐忑不安，甚至对来到这里有些嗤之以鼻。但是你当时太绝望，都快要撑不下去了，所以你不管什么办法都想尝试一下。”

“我并不是故意要对我们的会谈表现出嗤之以鼻的态度，”我对托尼表示道歉，“不过您说对了，我当时很绝望。但是，我当时还是非常感谢您愿意抽出时间来与我会谈。现在我承认，我当时对会谈的进展、会不会有一些改进没有信心。但是，后来我一直对我们的会谈感到非常满意。不，您的教诲让我倍感惊喜。虽然您非常严厉，但是，我从您身上确实学到了很多。”

“杰夫，当我们第一次会谈时，你似乎少了点什么。”托尼说，“你的个人生活和职业生涯中缺少一件对你取得成功非常重要的小东西。你失去的东西不值一分钱，但你就是没有。”

我被他说糊涂了。“我想我不明白您指的是什么。”最后，我鼓起勇气说道，“自会谈以来，您给我提供了许多我能够运用的技能，教了我许多提高管理技能可以遵循的思维方法。我缺少的是其中的某项技能吗？”

“所有这些技能都非常重要，”托尼表示赞同，“但是，你缺少的东西比你可以习得的所有技能都更加重要——你缺少的是激情。你受到了很大的打击，以至于对任何事情都没了激情，我和其他人一眼就能看出，你在让过去的失败毁掉你的未来。”

“激情是装不出来的，它对你周围的每一个人都会产生很大的影响。”托尼解释道，“我给你举个例子吧。从前有个推销员搬到了一座新的小镇。在他要离开河岸的时候，遇见了一位老人。‘我刚到这座小镇。这里的人们怎么样？’推销员问。

“‘你之前居住的小镇里的人们怎么样？’老人反问道。

“‘嗯，他们闷闷不乐，消极悲观，总是怨天尤人，常常只注意到“半杯水”中空的部分。’推销员答道。

“‘嗯，’老人说，‘听起来跟这里的人差不多。’

“几个星期后，又一个人搬到了同一座小镇上，在离开同一条河岸的时候，遇见了同样的一位老人。‘我刚到这座小镇。这里的人们怎么样？’新来者问。

“‘你之前居住的小镇里的人们怎么样？’老人反问道。

“‘噢，他们棒极了。他们在社区里一起工作，互相帮助，在困难时期随时为我们提供帮助。我们会想念他们的。’新来者答道。

“‘嗯，’老人说，‘我想你也会喜欢这里的。听起来，他们跟这里的人差不多。’

“老人传递了什么样的信息？如果你想让周围的人积极乐观、富有激情、渴望生活，你也必须具有和他们同样的态度。如果你认为你周围的人闷闷不乐、消极悲观，你或许需要检视一下自己的态度——你的态度或许也是闷闷不乐和消极悲观的。”

“如果你想和更快乐的人在一起，你自己也要快乐起来。要从自己做起。”托尼解释道，“就像一位老农民过去时常对自己的孩子说的一样，‘如果不改变根，你就不可能改变果实。’我们的根即是我们的态度，我们的果实即是他人对我们的看法。”

“我们活的时间越久，年岁越大，越是拥有更多证据证明态度会影响我们生活的方方面面。如果你仔细审视，你会发现态度是你的机会、境遇和成败的关键因素。”他边说边会意地点点头。

“这些我都懂，我不想和您争论，”我反驳道，“我知道我的态度会影响到我周围的人。我当然不会刻意选择消极悲观，但是，如果您认真思考的话，和我有着相同处境的人，或许都乐观不起来的。”

“这么说，你认为你的态度实际上是无意识的？”托尼大声问道，“当好的事情发生时，你的态度很好。但不好的事情发生时，你的态度很糟糕。是这样吗？”

“是的，某种程度上是这样。”我回答道，“如果事事顺意，谁还会不快乐？”

“杰夫，许多人认同这样的理论：态度不过是对环境的自动反应，你的态度只是外部环境的映射，对消极事情的自动反应是消极的。我们遭遇的事情，决定了我们的反应方式。”

我想了一想，接着托尼打破了沉默。

“我个人并不认同这样的理论，”他说，“你的态度完全是由你的内心决定的，是你对条件和环境做出的个体反应，任何人都无法从外部控制你的态度。”

“当然，我们遇到的事情，并非都在我们的掌控之内。”托尼说，“但是我们确实控制着自己对这些事情的反应方式。我们选择自己的反应方式，谁也无法代替我们做出选择。当你状态不佳时，你做出的反应，就如同刚刚打了败仗一样。

“杰夫，不幸的是，我们并非生活在好人只遇到好事的完美世界里，远远不是。每个人都会遇到意料之外的事情、不愉快的事情，我们不得不面对这些事件。不，让我换一种说法，我们得鼓起勇气应对这些事件。

“我们可能不想承担这种责任，但是，事实再清楚不过：我们对我们的态度——及我们的快乐——负责。拥有什么样的态度，是我们每天都要做的选择，而且每天都要做出很多次这样的选择。”

“你的态度对你会有非常大的影响。”他说完，停下来抿了一口咖啡。

“医生们确认，经历严重疾病而能生存下来的人，和那些因为严重疾病而死去的人，二者之间的差异常常在于病人的态度。在体育运动中，教练会告诉你，团队的态度是运动计划的重要组成部分。

在学校里，老师们发现，乐观的孩子产生积极的结果。在企业领域，盖洛普进行的一项调查显示，90% 的人说，当周围的人都积极乐观时，他们更加富有效率。”

“既然这样，那请您回答我一个问题，”我质疑道，“如果积极的态度让我们更加快乐，更有效率，更加成功，为什么人们会选择消极的态度——一种有害于自身的创伤——以及随之而来的不良后果？为什么人们会选择消极悲观从而伤害自己呢？”

“人们选择消极悲观，可能是因为他们没有意识到他们拥有积极乐观起来的能力，也可能是因为他们享受让自己愤愤不平的乐趣，还有可能是因为让自己积极乐观起来更加困难。”托尼回答道，“也可能是因为选择消极态度是一种自然的反应，而且许多人喜欢消极的态度！”

“成功的人不会选择把消极态度的伤害加于自身。大多数人喜欢与积极乐观、富有热情、总是追求最好结果的人在一起。”托尼指出，“这些人像磁石一样吸引着他人……他们是力量放大器。积极乐观、富有激情的人给周围的人带来能量，消极悲观、说风凉话的人消耗周围人的能量，降低他们的激情。

“杰夫，你最近一次认识某个总是被人认为消极悲观、爱说风凉话的成功者是什么时候？”

“我一下子想不起某个这样的人。”我说，“事实上，我认识的那些消极悲观和爱说风凉话的人，没人愿意和他们在一起。”

托尼点点头。“我深有同感。在我的个人经历中，找不出一个消极悲观的成功者。一个也没有。这是一种巧合吗？我认为不是。乐观和激情是大多数顶级雇员和领导者的共同特质，不管哪个行业、职业和年龄段都是如此。”

“成功者培养富有激情的习惯，就像其他人培养早起锻炼的习惯一样，需要时间、毅力、规划和信守承诺。”托尼说。

“激情对于他人的影响证明了激情的力量。我还记得当你还是一个孩子的时候，你对我产生了正面的影响。因为你的激情，我喜欢你到我家里来。你还记得你当年为了童子军而沿街叫卖糖果的事情吗？”

“当然记得，我是最棒的。”我一改惯常的沉稳之气，说道，“我卖的糖果总是比别人多，总能完成任务。而且，把糖果卖给像您这样的有钱人还是一件很好玩的事情。”

托尼轻声笑道：“当你来我家的时候，我很高兴地从你手中购买糖果，因为你很有激情，喜欢你卖的产品，享受达成目标的快乐。我很高兴从你手中购买，我购买的糖果总是远远超过自己的需要。

“我也记得其他童子军来我家推销同样的糖果。他们与你的区别在于：他们卖力销售糖果，因为他们不得不这样做。从他们身上我看不出任何激情、热忱和能量。糖果没有变，买糖的人还是我，但是，我从他们手中购买的糖果没有从你手中购买的多。他们缺少激情。”

“真正的激情和积极态度，不是你为了适应场合或给人留下深刻印象而可以随意穿戴或卸下的东西。真正的激情是一种生活方式。”他指出，“不过，有许多人让环境控制他们的态度，而不是让他们的态度帮助控制环境。”

托尼的话牢牢地吸引了我。

“激情，比你的穿着、长相、你拥有的技能、你的受教育程度、你认为自己有多聪明，对你的成功更加重要。

“好消息是，我们可以选择每天面对各种情境的态度，不管该情境是工作任务的变化、午餐时间如何度过，还是我们驱车上班时坐在车里的态度。

“或许，我们时常想把自己对待某事的态度归咎于过去生活中的事件和经历。查尔斯·狄更斯曾经提出这样的忠告，‘思考当下的福祉，而非过去的不幸。福祉，每个人都有很多；不幸，每个人都有一点。’不要为错误忧心忡忡，不要心生怨恨，心怀厌恶之心。所有这些消极情绪都具有能量，能阻止你实现你想实现的成功。

“杰夫，当诸事顺意之时，保持积极乐观的态度并不难。但是，不幸的是，生活中有许多时候，事情并不像我们计划的那样发展，这时，我们就面临着刚刚开始会谈时你那样的处境。你当时身处不知如何应对的逆境。你鼓起勇气，及时采取了有效措施。不过，许多人却任由逆境毁掉他们的思想、行动和激情。”

我点点头表示赞同。

“几个星期前，我参加了一个由20名成功人士组织的聚会，一起讨论了逆境这个话题。到场的每个人都认为，战胜个人或职业逆境是他们至关重要的成功转折点。

“好好想想这个道理。逆境使人成功。

“这些聚会的人中，有的面临过癌症、自杀、离婚、丧子、吸毒、丧偶、重病、失业、破产及其他令人失望的事情。他们每个人都经历过一次大的危机。

“成功者和其他人一样都会遇到问题。有的时候，逆境超出了人们的控制，有些还是自己酿成的。但是，不管逆境是如何造成的，每一个成功者在人生的某个时刻都遇到过、战胜过逆境。

“有人说，逆境会长时间折磨人，使人丧失斗志。也有人说，逆境有助于振奋人的精神。这取决于你的能力及你选择如何应对逆境。”

“当然，不喜欢逆境，这是人之常情。”托尼继续说，“战胜逆境很难，但是，这些人的成功足以证明，他们面临的逆境，振奋了他们的精神，使他们变得更加成功。

“我坚信，成功者和普通人之间的一个重要区别在于：成功者自觉选择把精力花在应对逆境并不断取得进步之上。这种选择对他们具有非常大的影响。”

“当身处逆境之时，我们可以选择发现积极的解决办法，并从废墟中崛起，发展得比之前更好——我们也可以选择坐而不动，在余生中饱尝悲怜处境的滋味。”托尼说。

后一种人我认识一些，仅仅想起他们就让人感到非常难过。

我的良师继续说道，“普通人选择把自己的精力花在怨天尤人、为自己开脱、把问题之责归咎于他人，这样做什么也改变不了，更别说创造什么积极的结果了。事实上，怨天尤人耗去了他们走出逆境所需要的能量。”

“但是，不管处境看起来多么黯淡，我的个人经历告诉我，”托尼说，“如果你主动出击，你会发现有许多选择可以帮助我们继续前进。

“面对逆境时最大的危险之一是，我们恐惧，我们原地踏步，不再继续前进，因为我们认为眼前的困难和障碍不可逾越。不过，我们也知道——基于研究和我们的个人经历——当迈开大步继续前进时，身处危机的人们会对危机做出更好的反应。不管你的世界里发生了什么，如果你努力朝着目标前进，你就没有时间考虑障碍，你只顾一路向前。”

“你是否觉得你的过去让你产生了‘自然的消极态度’？”托尼问，“不幸的是，我们无法改变过去，也改变不了他人的行为方式。记住：外部因素控制不了你的态度，你的态度由你自己决定。如果我们拥有积极乐观的态度，那是因为我们选择了拥有积极乐观的态度。”

“重要的是，成功不取决于我们遇到的事情，而取决于我们对遭遇之事的反应。”托尼说，“幸运的是，乐观的态度是可以习得和建立的，这取决于你的选择。你可以选择对遭遇的事件和挑战的反应方式，并成为自己幸福的缔造者。”

托尼停下来，好让我消化他的思想，但我还是不清楚自己具体该怎么做才能有所改进。“托尼，您在这个问题上花的时间，已经和之前任何一次会谈的时间一样多。您显然认为这个问题非常重要，觉得我在这个方面需要提高。但是，我还是不明白我如何做才能变得更加乐观、更加富有激情。”

和往常一样，关于这个问题，托尼还有锦囊妙计没有说出来。“你说得对，我确实认为这个问题对于你的个人和职业成功至关重要，所以，我一直急切地等待着这次会谈，好把我父亲的一些智慧传授给你。

“父亲教给我的人生课之一，是他所谓的‘培养乐观主义六法则’。”

托尼站起身来，从文件夹中取出一张便笺。“这是我父亲的手书，30 多年前，他把这个便笺交给我，现在这便笺还和当年一模一样。”

1. 一分耕耘一分收获——如果你播下了苹果籽，你就会收获苹果。不要指望播下苹果籽，最后却收获了橡树。如果你想更加乐观，播下乐观主义的种子。播撒积极的行为，才能收获积极的结果。
2. 知道在哪里播种——在岩石上播种，永远也结不出果实。找到肥沃的土壤，将你的种子播撒在那里。坚持做积极的项目，和积极的人打交道。把精力花在能取得积极结果的努力上，不要浪费宝贵的资源。
3. 成熟的时候收割——有个农民喜欢耕作，喜欢把土地犁成整整齐齐的一垄一垄，之后播撒种子。可是，到了收获的时候，他讨厌把收割机开进田间，便把整整齐齐的田埂全部碾平，结果除了碎干草饲料之外什么也没有留下。如果我们播撒了种子，付出了心血，到了收获的时候，我们就必须收割。否则，当初的努力是为了什么呢?

4. 我们无法改变去年的收获——生活中时时处处都面临着重要选择，每个选择都有其相应的后果。选择，不是有关上一年收获的多与少的问题，而是如何面对上一年收获的好与坏的问题。我们过去的失败妨碍了我们今日播撒积极的种子吗? 我们只能对今年的收获负责，不过我们可以汲取去年的教训，让今年取得更大的收获。

5. 不要为天气或其他任何事情担忧——担忧是不会有结果的努力，是怀疑的温床。它导致你过分关注可能的失败，而不是有效的解决办法。停止担忧的最好办法是采取积极的行动，阻止担忧的发生。

6. 对自己宽容一点——拥有继续播种的力量和强烈意愿非常重要。因为收获不佳而虐待自己无异于浪费时间。你喜欢别人，永远不会超过喜欢你自己。如果你不尊重自己，别指望别人会喜欢你。

说完，他把那张便笺折起来。“父亲的真知灼见到现在仍让我为之惊叹。”托尼说。

“他当时没有我们今天所拥有的资源。他从未体验过我们今天的生活速度，但是，正如你从这张便笺上看到的，他知道成功永远需要乐观。父亲说得对：激情和乐观毫无疑问是我们的选择——是每个寻求职业成功的人的正确选择。”

托尼停了下来，我和他一起细细地品味这样的时刻，我再一次对他的慷慨心生感激。

“我觉得，今天的会谈到目前为止俨然成了一场演讲，”托尼接着说道，“但是我必须谈论这些，因为，和你一样，我眼下也面临着一些挑战，我得努力保持积极乐观的态度，好应对这些挑战。所以，我要谢谢你的聆听，我说的这些话是说给你的，同时也是说给我自己的。”

“这些话我听也非常合适。”我坦承道，“更何况我陷入了让自己的过去毁掉未来的陷阱之中，最起码，我会比以前更加清醒地意识到我们的态度具有多么大的能量。

“作为成年人，拥有积极乐观的态度，不会像我为童子军售卖糖果那样自然。成年人面临的压力要大得多，有的时候，我真的必须付出非常大的努力，才能让自己富有激情。

“我能向您保证，您的教诲，您父亲的真知灼见，都将成为我人生遗产的一部分，我会将它们传授给别人。”

“真是太好了！”托尼说，“说到遗产，我觉得以谈论你的人生遗产的礼物来结束我们的会谈再合适不过了。”

托尼脸上露出了笑容，但转瞬之间，他提出了一个似乎有些古怪的问题。“你看过《土拨鼠的一天》这部电影吗？电影中比尔·马力日复一日过着一成不变的生活。”

“看过，非常有意思的一部电影。”我说。

“其实，许多人正是这样生活的，”托尼解释道，“他们早上一睁眼，就开始重复前一天的生活——因为这样做让他们感觉很舒适——直到退休为止。他们不会为过世之后留下一些永久的东西而付出努力。

“杰夫，你极有可能正日复一日地过着土拨鼠一样的日子，这有助于我阐明下一个观点。妨碍你发挥自己潜能的劲敌之一是你的舒适地带。十个星期前你第一次来我家的时候，虽然你没有意识到这个问题，但是，你向我描述了你处于舒适地带是一种什么样的情形。后来，你的工作状况出现了变化，曾经的舒适地带不再舒适了；你不知道该做些什么，也不清楚自己的目标。同时，你可能感到沮丧和恐慌。

“要成为最好的自己，你就不能放任自己躺在舒适地带上自鸣得意。你必须不断争取新的进步。为了充分发挥自己的潜能，你得迈出自己的舒适地带，进入遗产地带。”

“遗产地带？”我重复了一遍托尼的说法。

“遗产对你意味着什么？你想创造什么样的遗产？我想让你先思考思考，然后再回答这个问题。”

我沉思片刻后说道：“在我看来，遗产是我留给他人的一件礼物——比如一件旧衣服。我想创造并留给他人的遗产是：我尽我所能，帮助他人变得更加优秀。”

“太棒了。”托尼回应道，“换句话说，你的遗产是你竭力将自己的知识和经验传授给他人？”

“是的。您的表达更加准确。但是，重要的是，我希望自己能影响别人。”

“杰夫，如果你真的想竭尽全力影响别人，留下永久的遗产，你就会加入为数不多真正实现了那个目标的人的行列。

“安德鲁·卡耐基曾经说过，‘一般人只会把25%的精力和能力用在工作上。这个世界会向投入超过50%的人致敬，并为极少数奉献出100%的人而癫狂’。”

“真遗憾！你具有超越凡人的能力。我希望你做出选择，成为为数不多竭尽全力争取成功并将自己的知识和经验毫不保留地传授给他人的人之一。如果找不到别的理由，不妨出于自私的目的而为之：你给予越多，收获越大。”托尼解释说，“正是慷慨的知识给予造就了我们的遗产。

“成功需要付出努力，而且会产生不良影响，导致我们做什么都提不起兴趣，我们的内心之火被生活中的遭遇扑灭了，这正是十个星期前你来找我的原因。你的内心之火行将熄灭——只剩下一点点光亮在若明若暗地闪烁。你需要有人点燃你的内心之火，而且当时只有别人才能帮到你。我很感激你选择我来帮你煽动那闪烁之光，使你的内心之火再次熊熊燃烧。

“好好想一想，要是没有人愿意把自己的知识和经验与他人一同分享，这个世界将会变得怎样？我们的社会将停滞不前，将没有正面的榜样，没有典范，没有捐赠，没有人伸出援手，没有人帮助无家可归者，没有人替无发言权的人代言。

“好好思考一下。如果没有像你一样选择把自己的知识传授给别人的人，我们就不会有可资借鉴的丰富的过往经验，就会缺乏制定下一步的策略或目标可资借鉴的真知灼见。你留下遗产的决定，在你离开人世后，人们将经年不忘。”

“但是，现今人们是如何看待遗产给予的呢？”托尼问道，“我们把遗产给予别人，就要牺牲自己吗？我们活着的意义就是为了给他人留下遗产吗？我们为什么要给予？”

“我认为，我们应该选择给予，因为这样做是正确的。”我说，“不过，当大多数人不过是在想方设法活下来的时候，努力给予的确非常困难。”

“毫无疑问，把别人放在优先考虑的位置，这需要极大的忍耐力，在我们的给予对象常常过分在意自己，以至于似乎没有注意到我们的努力之时尤其如此。”我的良师接着说道，“而且，就像你说的那样，甚至在还没有开始把时间和精力给予他人的时候，我们的日程表常常都已经排得满满的了。

“乔治·华盛顿·卡佛曾经说过这样一段话，‘在生活中你能走多远，取决于你能否温柔地对待幼者、慈悲地对待长者、以同情对待奋斗者、以宽容对待强者和弱者。因为，总有一天你将经历上面所有的阶段’。”

“遗产给你带来的快乐来自于你送给他人的礼物，而不是你因此获得的回报。”托尼指出，“给予的目的不是为了获得同等程度的回报。如果你给予只是为了获得回报，你就要做好失望的准备。毕竟，如果期望获得回报是你给予的唯一原因，你其实并不是在给予——而是在交换。在你给予别人礼物后获得了某种回报，你得到的是奖励——而不是债务的偿还。”

“托尼，我说不好我有什么东西可以给予他人。我每天还在努力挣扎着生存下来，还没有达到你和其他留下遗产的人已经达到的成功的顶点。”

“如果等到实现了你认为的成功才开始给予，你会错失遗产给你带来的快乐。”托尼说，“要创造遗产，只要你有时间和智慧就够了。

“不妨从工作中你身旁的人——你的同事，你的老板，抑或某个熟人——开始你的给予。给予什么都可以。你永远不知道自己会在什么方面影响他人，改变他的一生。”

“给予要发自内心——当我们真心给予时，即是在慷慨地报答我们曾经分享到的一点一滴的善意。”托尼笑着说道，“大多数时候，我们永远不知道我们的礼物会对他人产生什么样的影响。

“有一个传奇般的故事，说的是在英国某地，有个农民发现一个男孩陷进了一个泥塘里。农民费了许多周折，终于把这个小男孩救了出来，虽然一度农民觉得自己也要深深地陷入其中，无法活着出来。当天深夜，一位勋爵顺便造访了农民简陋的棚屋，认出就是这个农民从泥塘中救出了自己的孩子，主动提出要付给他一大笔钱，以奖励他的行为。

“农民拒绝了。其间，勋爵看见农民有一个儿子，便坚持要支付男孩子上大学的费用。后来，农民的儿子毕业了，获得了工学学位。再后来，这个年轻人——亚历山大·弗莱明——发现了青霉素。没想到的是，那个被从泥塘中救出来、如今已成年的男孩子，不幸得了肺炎。幸好有了弗莱明发现的青霉素，他的生命得救了。当年那个掉进泥塘的男孩就是后来的温斯顿·丘吉尔爵士。

“不管这个故事是真有其事，还是混杂着神话和传说，它蕴涵的道德观无疑是对现实生活的真实反映——我们为别人做了什么，最终会加倍地得到回报，这就是遗产的法则。”

“现在，你周围的人可以借鉴你的经验、忠告和建议，”托尼说，“只要环顾一下四周，你就会发现，人们非常渴望得到帮助，却不知道到哪里、向什么人寻求帮助。只要你肯抽出时间向他人传授你的经验，你的人生经历就能让他人的生活发生深刻的改变。

“从前，有一个人走在大街上，不小心掉进了一个洞里。洞很深，他爬不出来。他环顾四周，怎么也找不到逃出深洞的办法。

“一名传教士从这里经过，听到了男子的呼救声，就问他：‘你怎么待在路中间的洞里？’男子回答道，‘我是掉进洞里的，我爬不出去。’传教士说他会为他祈祷的，然后就走开了。

“一名警官从这里经过，听到了男子的呼救声，就问他：‘你怎么待在路中间的洞里？’男子回答道：‘我是掉进洞里的，我爬不出去。’警官说，待在路中间的洞里是违法的。他写了一张罚单扔进洞中，然后走开了。

“一个环保主义者从这里经过，听到男子的呼救声，就问他：‘你怎么待在路中间的洞里？’男子回答道：‘我是掉进洞里的，我爬不出去。’环保人士说：‘待在路中间的洞里，从环境角度看很不安全。’于是开始设置纠察队，把洞口包围了起来，并树起一块牌子，上面写道：‘路上有个洞，洞里有个人，从环境角度看很不安全！’

“又有一个人从这里走过，听到男子的呼救声，就问他：‘你怎么待在路中间的洞里？’男子回答道：‘我是掉进洞里的，我爬不出去。’这个素不相识的男人毫不犹豫地跳进洞里，和被困男子待在一起。

“被困的男子说：‘你为什么要跳到洞里来？我出不去。有一个传教士在为我祈祷，有个警官给我开了一张罚单，这个傻乎乎的人在洞口外设置纠察队，而你却跳到洞里和我待在一起。你疯了吗？你为什么要这样做？’

“陌生男子回答道：‘别担心。我选择跳到洞里来，是因为我之前也曾掉进这个洞里，我知道如何出去。’”

“杰夫，你或许从没有遇到过需要你从“深洞”中救人的类似情形。不过，你可以与那些正想方设法从其陷入的困境中挣扎出来的人进行交流，为他们提供指导和支持。值得信赖的顾问、导师和向导会给他们帮助的人的生活留下不可磨灭的印记，并提供了生活中通往成功的两个要素——关怀和分享，这两样东西教不会，也买不到。”托尼指出。

“与以往相比，今天的人们更需要正面榜样。榜样有很多——但是，正面榜样非常稀缺。要知道，不管你身处何地，也无论你做什么，与你接触的人都会视你为榜样。你必须做的选择是，你要成为哪种榜样：正面榜样还是负面榜样?

“你的行为即是你的遗产。没有人要求你捐款。你的遗产，就是你一路帮助别人，给你的同事、朋友以及可能与你素不相识的人提供支持。遗产是没有价签的礼物。你的遗产是无价之宝。”

“你可能非常成功，但是，你选择奉献自己帮助他人，最能把你与他人区别开来，给你的生活赋予最大的意义，因为你的行为示范会经由你帮助过的对象影响到下一代人。”托尼说道。

“托尼，从目前看，这是我们的最后一次会谈，我确实想现在就开始累积我的遗产。你最初是怎么开始给别人提供指导的？有什么我可以遵循的方法吗？我要从哪里开始？”

“你的遗产累积始于你决定离开自己的舒适区，进入我所说的

遗产地带，”托尼说，“让我来解释一下。要给他人留下遗产，你得具备可以与人分享的知识。要获得知识，你得和别人做不一样的事情。

“在遗产地带有三个‘房间’。”他解释道，“第一个房间是阅读室。四处看看这间书房——这里的图书超过一千本，其中一半以上是管理学和领导学方面的。经理们给我打电话，让我帮他们解决业务上的问题。我从来不‘编造’解决办法。他们遇到的问题并非他们所独有。我给他们提供的有价值的东西，都是这些图书的作者们的真知灼见。

“你读的书越多，知识就越丰富。我自己就是一个活生生的例子——学得越多，收获越大。大多数情况下，房子越大，书房就越大，你认为这只是一个巧合吗？留下遗产要求你不断增加你的知识储备，这样，你就有更多知识可以传授给别人。”

我环顾书房四周，突然间因为四周书架上的知识和智慧而感到不知所措。

“你知道吗？大多数人一年都不读一本非虚构图书，一本都不读。”托尼有些不相信地说，“你会想，现在的书既稀少，价格又贵。但是，每一家公共图书馆里都有大量的藏书，等着人们迈进图书馆去借阅——不用付钱，完全免费！许多机构的高管每月能读 10 本书，而普通的美国工人一辈子或许都读不了 10 本书。”

托尼继续往下说。“你读的书与你的成功之间具有直接的关联。这是一个挑战。下次你去别人家参观，看看他最喜欢的椅子旁边的书桌上放的是什么书，看看他的书架上都有些什么类型的书。如此，你便能大致了解是什么塑造了他的人生哲学和价值观。

“好消息是，有大量的图书可以教你或告诉任何你感兴趣的话题。”

“现在，我们假设你决定每个月读一本管理学或领导学方面的书。”他继续说道，“大部分书有 12 到 20 章。所以，如果你一天读半章，大约花费你 10 分钟时间，下一个年度，你可以读完 12 本书。如果你一年中读了 12 本管理学或领导学方面的书，你认为自己会不会更加了解管理学或领导学呢？”

这是我们周一清晨的会谈中为数不多的一个不需要动脑筋就可以回答的问题。“当然会。”我说。

“当公司出现更高职位的空缺时，你是否会为承担那个角色做了更加充分的准备呢？”

“当然是！”

“你看，杰夫，问题不在于你有没有时间或金钱，而在于你有没有每天抽出时间读书的意愿。”托尼指出，“就你来说，至少在未来 15 年中你可能不会退休。15 年的时间里，如果每天只读半章书，你也可以读完 180 本书。不妨把读书放在首位，你学到的知识会让你在下一次升职中成为合情合理的选择。

“我的朋友、聪明的顾问查利·琼斯说，‘如果你不交友，不读书，五年后的你和现在的你还是一个样。’好好想想这句话吧。五年以后，你可能变得和现在判若两人，也可能和现在完全一样——你自己选择。”

托尼还没有说完：“我不会局限于只阅读商业图书。阅读你感兴趣的图书，能教给你可以和别人一起分享的知识的图书。你想坐下来与阿尔伯特 · 爱因斯坦交谈吗？那就读一篇他的小品文吧。关于丘吉尔的人生经历，你有什么要问丘吉尔吗？从有关他的数百本书中随意选出一本，看看他会如何回答你的问题。你喜欢听罗纳德 · 里根给你讲他让戈尔巴乔夫‘推掉柏林墙’是一种什么样的感觉吗？那就读读他的回忆录吧。

“你想听彼得·德鲁克或杰克·韦尔奇谈谈管理学和领导学吗？去阅读他们的著作。或者，如果你想让自己的思想更加全面，和绝大多数伟大的思想家一样（不管他们信不信），读读《圣经》吧。

“人一生中结识的朋友可能是有限的，”托尼说，“而且我们想结识和喜欢以之为师的人，许多已经不在人世，或者我们根本接触不到。但是，你可以从别人那里学到的知识，却没有限制。用伟人的知识奖励自己，从阅读中获得知识，让自己成为一个更加优秀的人。

“不要限制自己的知识，从而限制了自己的职业发展。”

“但是，我们面临着那么多选择，”我说，“我该从哪里开始呢？”

“你从哪里开始？哪里都可以。”托尼说，“现在就开始阅读，尽情享受伟人的陪伴或阅读的愉悦。你学的越多，你的收获越大，能教给别人的知识就越多。不要一天都要结束了还没有看书——读书确实会改变你的生活。

“遗产地带的第二个房间是倾听室。你知道吗？经理们失败的主要原因在于他们狂妄自大、自我失控、麻木不仁。

“这些经理们不花时间倾听员工的意见，过不了多久，他们就对团队成员的需要和渴望麻木不仁了。狂妄自大、自我失控和麻木不仁是管理黑洞中的一个陷阱。不要让自己跌入这个陷阱中——要倾听员工的意见！”

“关于倾听，我还有两点想与你分享。”托尼说，随后抿了一口咖啡，“第一，当参加部门以外的会议时，你要听得更加仔细认真。不管什么时候，当你获得了新的信息，你就会做出更加正确的决策。

“第二，通过更好地利用坐在车里的时间，你也可以学会更好地倾听。平均每个人每年有超过500个小时的时间坐在自己的车里，可真是个不小的数字！如果拿其中的一些时间听听激励人心、令人鼓舞的光盘，其对你成功的影响，或许会比听谈话节目或音乐更大。这只是我的个人想法而已。”

“遗产地带的第三个房间是给予室。这是你的遗产真正开始的地方。我强烈地以为，如果不给予他人，你就不可能成功。”托尼接着说道，“灵车没有行李架是有原因的，因为遗产是人们留给他人的。”

“我们会谈之初，我的要求之一是，你必须把我教给你的知识传授给他人。”托尼提醒道，“我提出这条要求的目的是，如果你那样做，你就会变得更负责任。你教的越多，你对要教的东西就会更加负责任。教授别人，对你大有裨益。

“我知道，认同我们需要活到老学到老很容易，但是，事实是，如果你不订立具体的进步目标，就什么都不可能改变。

“你也许听说过有人跑到机场等候轮船到港的故事。问题是，轮船并不会开到机场！如果你想要接轮船，你得到轮船靠岸的地方去。在个人进步中，轮船就像目标——具体的、可测量的、能达到的目标。”

“我发现目标可以成为最强大的内在动力——它们是你努力的方向。”托尼说，“然而只有不到 5% 的人会制定具体的目标，把目标形成文字的就更少了。”

“既然目标这么重要，为什么更多的人不制定目标呢？”托尼自问自答，“我认为主要有四个方面的原因。

“第一，人们不制定目标，是因为人们不知道订立目标有多重要。我所知道的每一项伟大成就，最初都不过是写在纸上的清晰目标。达成目标则是自然而然的，关键在于制定目标。

“第二，大部分人不知道如何制定目标。每次会谈后，我都要求你把下周要采取的行动写下来，我之所以这样要求你，是因为书写能让你明确目标，让你坚持你的目标。

“第三，有时人们不制定目标，是因为他们害怕失败。要是没有目标，你就不会冒失败的风险。我觉得恰恰相反——我们会失败得更快，也更加频繁。失败乃成功之母。要想更加成功，我们就得更加频繁地经受失败。但千万别走极端。我的意思是说，即使没有达到目标，制定目标也有助于我们变得更加成功。

“第四，目标要求人们离开舒适地带。对于许多人来说，这太可怕了，因为这常常意味着他们不得不学习新技能。

“但是，杰夫，没有什么比看着你出色地制定并实现目标，更让我感到高兴的了。你可以成为一名能把握好生活中的平衡的领导者，可以成为他人争相效仿的出色榜样。不过，这些年来我认识到，大多数人都不想效仿那些因为经年累月地工作而失去健康或妻离子散的人。人们希望效仿各方面——不只是在工作上——都平衡得很好的领导者。

“我给你的最后一条忠告是：永远积极乐观！当然，在前进的过程中，你会再度感到沮丧，但你永远都不要放弃。这个世界并不专属于盲目乐观的人，即使最优秀的人也会遇到糟糕的事情。

“你知道我有多热爱高尔夫。我认为高尔夫不仅教给我领导学知识，也教给我人生的道理。我意识到，在高尔夫的每一轮中，至少会发生三件不应该发生的事情。

“你可能在球道的中间位置击球，结果却发现球又回到了击球点。或者你刚刚击出绝好的一杆，就刮起了一阵狂风，球的落点没你想象得远，掉进了沙坑里。或者你的推杆入洞无可挑剔，球却飞出了球场，因为有人没修好球标。你不该遭遇这些噩运，而且这些对你似乎不公平。伟大的高尔夫球员的伟大之处在于：不管碰到什么样的运气——好的和坏的——都能坦然接受，并乐观地继续比赛。

“商场上同样会发生不公平的情况。问题不在于：会发生不公平的事情吗？问题在于：不管发生的是什么事，你将如何应对？从根本上说，成功的真正标准是：能够对镜自省，知道自己具有做你认为正确的事情的勇气。”

和以往一样，托尼阐述得非常清楚，令人难以忘怀，所以，我笔走龙蛇，恨不得将他说的每一个字都记下来。

“生活中有很多事情都与生活态度有关，与如何处理生活带来的苦恼有关。”托尼说，“生活是美好的——即使面临最糟糕的境况时也是如此。要保持积极乐观，并帮助他人，使他们的生活变得更加美好。

“温斯顿·丘吉尔曾说，‘每一个人一生中都会面临这样的特殊时刻——有人轻拍他的肩膀，为他提供去做一件非常特殊的事情

的机会。如果那时发现他没有做好充分准备或者无法胜任工作，那该是多么不幸啊。’

“在过去的十个星期里，我把别人传授给我的道理传授给了你，好让你为自己最精彩的时光做好准备。杰夫，我要再一次说，会谈结束的时间要到了。我要最后一次问你：你有什么新的打算呢？”

“嗯，托尼，我想，您把最好的人生道理留到了最后，我猜到您会再一次问我有什么打算，所以我是有备而来。我回顾了之前历次会谈的笔记，以下是我的承诺。”

杰夫的领导承诺

- 不论是什么情况，我都会对自己的行为及团队的表现负责。
- 我愿意付出代价，突破‘路障’状态抵达成功。
- 我要做到要事第一。
- 我要与老板建立积极的关系。
- 我要逃离管理黑洞，与员工保持一致。
- 我要重视反馈，基于建设性的批评做出调整。
- 我要认可并奖励超级星的表现。

- 我要以积极的态度解决问题。
- 即使没人看得到，我也要做正确的事情。
- 我意识到，我做的每一件事对于评价我的领导能力都非常重要。
- 我要精挑细选合适的员工。
- 我要积极地退出旧模式，进入新模式。
- 我要成为一名优秀的时间管理专家。
- 我要装满别人的桶。

本周的会谈结束后，我要再加上几条:

- 我不会让我的过去毁掉我的未来。
- 我要成为一名富有激情的领导者。
- 我要对自己及他人宽容一点。我们都还在不断成长中。
- 我现在即开始累积我的遗产。
- 我要成为他人的正面榜样。

“太好了，杰夫！在过去的十个星期里，你取得了非常大的进步。”托尼说着，站起来与我握手。

我感到很自豪，甚至有些情绪激动。不过，我的良师对我这么有信心，这是非常有意义的。“在离开前，我要去车上取件东西送给您，”我说，“我很快就会回来。”

当我从车里回来后，我递给托尼一个有礼品包装的盒子。“这个送给您。”我说。

托尼打开礼物——一个大铜桶，桶的前面刻有托尼的名字，里面装满了30多个小礼物。

“我不怕您笑话我缺乏创意，这个礼物代表过去十个星期里您对我的教诲。”我解释道，喉头有些哽咽，“您用见识、智慧和您的个人遗产作为礼物，把我的桶装得满满的。我希望以后每当您在房间里看到其中的一个小礼物时，就能想起我们一起度过的那些美好时光。我永远也不会忘记我们周一清晨的会谈。

“我想问您，我们何时再会面？”

“我想马上请你的家人出去就餐。”托尼回答道，“但是，就我们周一清晨的领导课而言，记住——开始会谈之时，你承诺要把我教给你的知识传授给别人。当你实践你的承诺之时，我们就又在一起了。

“谢谢你给我的桶和礼物，杰夫。你打电话给我，让我和你一起分享我的经验，我深感荣幸。在历次会谈中，我也从你身上学到了许多。记住消化你的所学，并将之传授给别人。”

走出门外时，我深深地吸了一口气，然后我转身挥手：“再见，托尼。再见！”

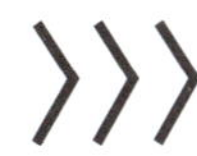

进入遗产地带

不要让我的过去毁掉我的未来。

走出舒适地带，进入遗产地带。

坚持每天阅读。

订立目标。

永远积极乐观。

如今……

我与托尼周一清晨的十次会谈成了我事业的转折点。在过去的两年中，他的真知灼见指引着我的行动和人生道路。

六个月前，我升职了。离开了公司的珍妮又重新加入进来，接替了我之前的职位。我很喜欢我的新职位，现在我指导两个人，每周和他们一起分享托尼的真知灼见。托尼说得对——通过和他人分享我的知识和经验，我把自己的桶装得满满的。

托尼对我的教诲不仅提升了我的职业，也改善了我的家庭生活。

我发现，他的教诲对我的家庭生活产生了很大影响。我就自己的家庭生活何以不顺心做了个自我评估，结果发现，我的家庭生活中存在着许多相同的问题——我没把精力放在要事之上；我与家庭成员的沟通前后不一致；我的个人时间管理缺乏效率；我让过去发生的事情毁掉我的现在和将来。现在，我试图在家庭生活中装满更多的桶。

大多数人没有——也许永远也不会有——像托尼这样的良师益友。我衷心地希望你能以他为师，并把学到的知识教授给别人。

现在，我可以打电话给托尼，安排我们的下一次会面了……

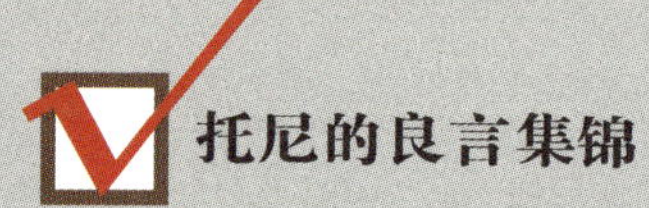

托尼的良言集锦

“说到领导，没有哪个问题为你所独有。”

“成功者永不放弃，即使在他们感到沮丧、刚刚犯过错误后也是如此。”

“每个人都需要他人帮我们从不同的视角分析形势。”

“当了经理后，你的权力更大了，同时你也失去了过去作为普通员工可能享有的某些权利或自由。”

“真正的领导者只会花时间解决问题，而不是责备别人。”

“在你接受一份工作时，你并非仅仅被选择来填补组织图中的职位空缺，公司选择你，是让你来承担责任的。”

“我发现，那些做出了更多正确选择的人，能够从糟糕的选择中迅速恢复的人，最终都会成功。”

“当你把这些计划都写下来时，你便做出了实施的承诺。如果你只是口头上告诉我你要做些什么，你其实并没有真的承诺要这样做。”

“根本不存在什么‘巨大的阴谋’妨碍你完成你不得不完成的任务。”

“如果你相信别人的理解会达到你的期望，最终你会失望。”

“人们在炒公司鱿鱼前，已经炒了上司的鱿鱼。”

“你要想成功、给你的下属提供成功所需要的工具，你必须与你的上司合作——在各个方面。”

“花时间和精力管理你的老板，就像管理你的下属一样。”

“领导者的‘要事’之一是消除迷惑。”

“如果你的专注点总在变化，你的团队可能会感到迷惑。”

“你必须远离管理黑洞，与自己的下属保持联系。”

“你的职责不是通过调整并照顾表现最差的员工来降低表现下限，而应该通过认可并嘉奖超级星的行为来抬高上限。”

“你所能拥有的最坏类型的员工——这个人心思已经不在这里了，但每天依然来上班。

“最打击团队积极性的单一因素是有员工不完成分内之责。”

“很少有人会说他们愿意承担责任，但是，实际上，每个人都希望他人能够负起责任。”

“做正确的事并非总是那么容易——事实上有时候真的很难——但要记住，做正确的事什么时候都是正确的。

“事实上，问题不会自行消失。”

“有诚信的领导者一生都拥有最令人敬重的美德之一。”

“你做的每一件事情都非常重要，因为你的下属在看着你呢，他们相信你会‘做正确的事’。”

“你必须维护自己的诚信，视之为最珍贵的领导财富，因为事实上也的确如此。”

“领导者最重要的任务是雇用合适的员工。”

“一旦被录用之后，应聘者的表现不会比在面试中展示给你的好很多。”

“永远不要仅仅为了填补职位空缺而降低你的标准——以后你会付出代价的。”

“你可以在自己退出过去出口的同时，通过关注可能的入口，帮助团队决定面对变化时的激情。”

“压力、焦虑和郁闷的一个重要原因在于，你觉得自己的生活失控了。”

“如果你想更好地利用时间，就得想办法一点一点地挤时间——这儿挤一分钟，那儿挤五分钟。把这些零碎的时间加起来，你就有了更多可以从事其他活动的时间。”

“有些事做好了，可以让你产生比做好其他许多事情更好的结果。”

“你永远没有足够的时间完成你必须做的每一件事情，所以你必须清楚地知道哪些是你不得不完成的要事。”

“你是主要的装桶人。装桶的最佳办法是良好的沟通和鼓励。”

“你的下属把生命的一部分托付给你，你有责任帮助他们在个人和职业方面获得成长。”

“是不是装桶，提桶者说了算，装桶人说了不算。用对他们重要的东西而不是对你重要的东西来装满他们的桶。”

“激情是装不出来的，它对你周围的每一个人都会产生很大的影响。”

“如果你想让周围的人积极乐观、富有激情、渴望生活，你也必须具有和他们同样的态度。”

“每一个成功者在人生的某个时刻都遇到过、战胜过逆境。”

“为了充分发挥自己的潜能，你得迈出自己的舒适地带，进入遗产地带。”

“把你学到的东西全部教给别人。如果找不到别的理由，不妨出于自私的目的而为之。你给予越多，收获越多。”

“你读的书与你的成功之间具有直接的关联。”

“不要限制自己的知识，从而限制了自己的职业发展。”

“生活中有很多事情都与生活态度有关，与如何处理生活带来的苦恼有关。生活是美好的——即使面临最糟糕的境况时也是如此。”